정신지체학생의
사회적 정보처리 특성

정신지체학생의
사회적 정보처리 특성

김 형 일 著

한국학술정보[주]

책머리에

특수교사들이 학교현장에서 근무하면서 가장 힘들어하는 점은 장애아동들이 보이는 행동의 의도가 무엇인지 파악하지 못하고, 겉으로 드러난 행동을 없애주려고 하는 것이다. 교사들 나름대로의 노력은 하고 있지만, 결과는 그렇게 만족스럽지 않다.

사회적 정보처리 이론은 장애아의 문제행동 특히 사회적 관계에서의 원인적 특성을 체계적으로 파악할 수 있는 근거를 제공한다. 또한 사회적 정보처리에 따른 단계별 원인 규명은 문제행동 처리 과정에서의 결함 요인을 분석할 수 있게 한다. 이는 결국 장애아의 문제행동에 대한 특성 파악 및 처치를 위한 중요한 단서 제공이라는 점에서 교육적으로 시사하는 바가 크다.

본 연구에서는 사회적 정보처리 이론을 근거로 정신지체아의 사회적 행동, 특히 공격적 성향과 위축적 성향을 보이는 아동의 특성을 분석하려고 노력하였다. 이를 통해 정보처리상의 일반아동과의 유사성과 차이점을 파악하였고, 문제행동 개선을 위한 조정 단서 제공을 통해 문제행동의 긍정적인 변화를 얻을 수 있었다.

본 연구가 소수의 정신지체아동을 대상으로 하였기에 일반화에는 한계가 있다. 그리고 장애아동을 대상으로 한 다양한 선행연구가 부족하여 관련 연구와의 일반적인 연계성을 찾는 데 제한점을 가지고 있다. 하지만 본 연구가 장애아동의 사회적 정보처리 특성

을 파악하고 교육적 처치를 하는 데 있어 조그마한 밑거름이 되었
으면 하는 바람에서 출판을 결심하게 되었다. 이를 위해 본 연구
가 책으로 출판되기 위해 수고해주신 한국학술정보에 감사드린다.

2005년 12월 저자

책머리에

특수교사들이 학교현장에서 근무하면서 가장 힘들어하는 점은 장애아동들이 보이는 행동의 의도가 무엇인지 파악하지 못하고, 겉으로 드러난 행동을 없애주려고 하는 것이다. 교사들 나름대로의 노력은 하고 있지만, 결과는 그렇게 만족스럽지 않다.

사회적 정보처리 이론은 장애아의 문제행동 특히 사회적 관계에서의 원인적 특성을 체계적으로 파악할 수 있는 근거를 제공한다. 또한 사회적 정보처리에 따른 단계별 원인 규명은 문제행동 처리과정에서의 결함 요인을 분석할 수 있게 한다. 이는 결국 장애아의 문제행동에 대한 특성 파악 및 처치를 위한 중요한 단서 제공이라는 점에서 교육적으로 시사하는 바가 크다.

본 연구에서는 사회적 정보처리 이론을 근거로 정신지체아의 사회적 행동, 특히 공격적 성향과 위축적 성향을 보이는 아동의 특성을 분석하려고 노력하였다. 이를 통해 정보처리상의 일반아동과의 유사성과 차이점을 파악하였고, 문제행동 개선을 위한 조정 단서 제공을 통해 문제행동의 긍정적인 변화를 얻을 수 있었다.

본 연구가 소수의 정신지체아동을 대상으로 하였기에 일반화에는 한계가 있다. 그리고 장애아동을 대상으로 한 다양한 선행연구가 부족하여 관련 연구와의 일반적인 연계성을 찾는 데 제한점을 가지고 있다. 하지만 본 연구가 장애아동의 사회적 정보처리 특성을 파악하고 교육적 처치를 하는 데 있어 조그마한 밑거름이 되었으면 하는 바람에서 출판을 결심하게 되었다. 이를 위해 본 연구가 책으로 출판되기 위해 수고해주신 한국학술정보에 감사드린다.

2005년 12월 저자

목 차

표 목차

그림 목차

I. 서 론

1. 연구의 필요성 및 목적

정신지체학생들은 사회적인 상황과 타인의 입장을 잘 이해하지 못하여 주어진 상황에 잘 어울리지 못하거나, 자신의 욕구를 충족하기 위해 공격적이거나 위축적인 행동을 보이기 때문에 사회적으로 적응하면서 살아가는 데 많은 어려움을 겪고 있다. 또한 상황에 맞지 않는 다양한 부적응 행동 특성을 보이는 경우도 있다. 이러한 행동으로 인해 결국 타인들과 마찰을 일으키거나 거부되기도 하여 사회적으로 적응을 하는 데 어려움을 겪게 된다.

최근 연구자들은 이러한 부적응 행동에 대한 인과적 기제를 사회적 정보처리를 통하여 밝히려고 노력하고 있다. 그 이유는 부적응 학생은 일반학생과 다른 일탈된 방식의 정신적인 처리 과정(mental processes)을 거치는데(Dodge, 1986), 이러한 인지적 처리 형태들이 결국 부적응 행동으로 이어진다고 보기 때문이다(Quiggle et al., 1992). 이에 따라 공격적이고 위축적인 학생의 정신적 처리 과정을 통해 부적응 행동의 원인을 설명하려는 연구 노력과 부적응 행동의 진단과 처치를 위한 임상적인 지원에 대한 연구 결과를 통해 부적응 학생들의 사회적 행동을 이해하는 데 상당한 정보를 얻고 있다 (Perry & Perry, 1987; Dodge, 1986; Dodge & Crick, 1990; Dodge et al., 1986; Ladd & Crick, 1989; Rubin & Krasnor, 1986; Slaby & Guerra, 1988; Yeates & Selman, 1989).

현재까지 수행된 대부분의 연구 결과들 간에는 서로 상반되는 견해를 보이고 있지만, 대체로 사회적 상황에 따라 대상자들 간의 반응에서 차이가 있음을 일관되게 보여주고 있다. 예컨대, 공격적인 학생은 호의적인 상황보다는 적대적인 상황에서 보다 적극적으로 반응하며, 이때 공격적인 해석과 공격적인 전략을 선택하거나 상황에 대한 편견적 단서나 부정적 단서에 주의를 더 기울이는 것으로 나타났다(Dodge, et al., 1984; Dodge, 1986; Gouze, 1987; Waldman, 1988). 위축적인 학생은 적대적 상황일 때, 부정적이고 회피적인 전략을 사용하는 것으로 나타났다(Garber & Hilsman, 1992). 이에 반해 사회적으로 적응을 잘하는 학생들은 부적응 학생들에 비해 사회적 정보처리에서뿐만 아니라 실제적인 사회적 행동 모두에서 상위의 능력을 보이는 것으로 나타났다(Dodge & Price, 1994).

한편 정신지체학생을 대상으로 한 연구에서도 비장애학생들을 대상으로 한 연구와 마찬가지의 결과를 보이고 있다. 즉, 공격적인 정신지체학생은 적대적 상황보다 호의적 상황에 대한 해석이 부정확하고(Leffert & Siperstein, 1996), 애매한 상황에서도 상대의 의도를 공격적인 것으로 받아들인 뒤 반응 선택도 공격적인 전략을 사용하였다. 또한 위축적인 학생들은 회피적이거나 권위에 호소하는 전략을 많이 제시하였다(Fuchs et al., 1995). 따라서 정신지체학생들도 일반 부적응 학생들과 유사하게, 상황을 정확히 파악하지 못하였고 회피나 의존적인 경향을 보인다고 할 수 있다. 그러나 이들 연구들은 각기 다른 사회적 상황에서 연구하였거나, 한 가지 사회적 상황만을 고려한 사회적 정보처리의 특정 단계에 대한 처리 능력만을 검정하였다는 점과 연구자에 따라 사회적 정보처리의 각 단계별 측정 방법과 채점 기준이 서로 다르기 때문에 연구 결과의 해석에서 일관성을 찾을 수는 없다. 그리고 지금까지 연구의 주 대상이 비장애학생이었기 때문에 정신지체학생의 사회적 정보처리 특성을 구체적으로 설명할 수 있는 선행연구의 준거로 활용하기에는 많은 제약이 따른다.

정신지체학생의 사회적 정보처리 특성을 알아보기 위해서는 사회적 조정 단서에 많은 관심을 가질 필요가 있다. 왜냐하면 비장애학생들과는 달리 정신지체학생들은 다른 사람의 행동과 사회적 반응을 이해하고 이에 적절히 대처하는 능력이 부족하거나(Kasari & Bauminger, 1998), 주의집중이 어려워 사회적 상황을 정확히 파악하지 못한 상태에서 사회적 정보처리를 하기 때문이다. 사회적 조절 능력은 인지적인 면과 관련이 높다. 따라서 정신지체학생들은 사회적 정보처리의 미숙이나 부적절에서 오는 사회적 부적응 행동이라고 할 수 있고, 주의력 조절 능력에서의 문제로 인한 문제행동의 심각성으로 관련지을 수 있고(Eisenberg et al., 2000), 정서적 표현 방식에서의 부적절로 인한 부정적인 행동으로 해석할 수 있기 때문이다(Barron & Earls, 1984; Bates, 1990; Kyrios &

Prior, 1990). 이와 같은 부정적인 반응을 수용적인 반응으로 변화시켜주기 위해서는 정신지체학생들에게 상황별 적절한 조정 단서를 제공한 후, 그들의 사회적 반응과 사회적 정보처리 능력의 향상 정도를 파악할 필요가 있다.

이상의 필요성에 따라, 이 연구에서는 기존의 잠재된 경험이 각기 다르다고 가정할 수 있는 공격적인 학생과 위축적인 학생 그리고 이들 학생들과 대비될 수 있는 준거집단인 적응학생들에게 다양한 사회적 상황을 경험하게 하여 이에 따른 사회적 정보처리 능력을 분석하여 봄으로써 부적응 행동의 원인을 구체적으로 설명하려고 하였다. 아울러 사회적 정보처리와 관련된 상황에 적합한 사회적 조정 단서를 제공해 줌으로써 정신지체학생들의 훈련 효과와 이들의 사회적 문제행동 개선 가능성에 대한 기초 자료를 얻고자 하였다.

이 연구의 필요성에 따라 사회적 정보처리와 관련된 여러 구성 요소들 간의 관계를 〈그림 1〉과 같은 실용 모형(working model)으로 도식화하였고, 이 도식화에 따라 연구 문제를 제시하였다.

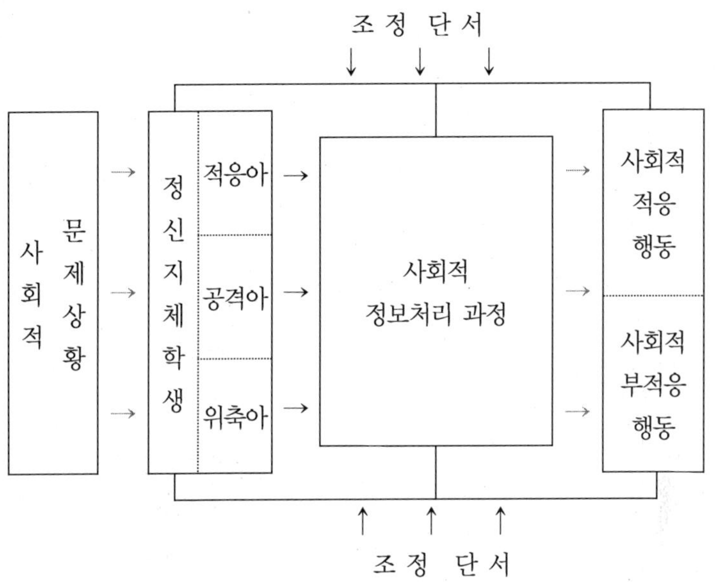

〈그림 1〉 연구 문제의 실용 모형(working model)

2. 연구의 문제

이 연구의 구체적인 연구 문제는 아래와 같다.

1) 사회적 문제 상황에 따른 학생들의 사회적 정보처리 특성의
   분석
2) 사회적 조정 단서에 따른 사회적 정보처리 특성 분석
3) 실제 사회적 문제 상황에 대한 사회적 정보처리 특성 분석

이 연구의 연구 문제는 다음과 같은 이론적 함의를 갖게 된다.

1) 사회적 적응 유형별 사회적 정보처리 특성을 분석함으로써 부적응 행동의 인과관계를 구체적으로 밝힐 수 있고, 이를 통하여 사회적 정보처리 하위 처리 과정상의 차이점을 극복할 수 있는 교육적 대안을 시사점으로 찾을 수 있다.
2) 사회적 문제 상황에 따른 학생의 사회적 정보처리 특성을 분석함으로써 부적응 학생이 다양하게 경험할 수 있는 문제 상황을 포함한 교육방법의 개발에 필요한 시사점을 얻을 수 있다.
3) 사회적 조정 단서의 활용으로 사회인지 처리능력의 변화 가능성을 확인할 수 있다.

Ⅱ. 이론적 배경

1. 사회적 정보처리 과정

　사회적 정보처리 이론은 사회 인지이론에서 발전되어 온 영역이다. 그동안 사회인지 영역에서 사용된 방법과 이론들은 비사회적인 인지발달에서 대체로 응용한 것이라고 할 수 있다. 체계적인 사회적 정보처리 이론이 형성되기 이전에 사회적 능력은 주로 조망-수용, 부호화, 사회적 단서 해석, 전략 일반화, 인과관계의 평가와 같이 단일한 인지적 기술의 능력에 대하여 연구되었다. 이러한 연구들은 사회적 상황의 다양한 변인들이 개입되었다고 보기에는 한계를 지닌, 사회적 정보처리 이론의 배경이 되는 일련의 발전 과정상의 하위 이론이라고 할 수 있다.

　최근의 사회적 능력에 관한 연구는 다면적 특성, 즉 사회-인지적 능력과 사회적 행동의 관련성이 동시에 고려되고 있다. 즉, 처리와 산출이라는 두 가지 사회적 능력이 동시에 작용한다고 보는 추세이다(Leffert & Siperstein, 1996). 이런 과정에서 사회인지 연구에 실험적이고 이론적인 접근에 변화가 일어나고 있다. 이전의 모형들을 좀더 논리적으로 통합하고, 체계적인 자료에 근거하여 이론적 모형을 제시하려고 노력해 온 Dodge(1985)는 사회적 정보처리 모형을 통하여 사회 인지와 사회적 행동 간의 관계에 대한 다양한 연구 결과를 개념적으로 조직해 주는 연구를 수행하였다. Dodge는 사회적 장면에서 사회적 정보 처리 과정을 통하여 대상자가 반응하는 기술(enduring skills)과 특징적인 유형(typical patterns)을 개념화하려고 하였다. 그리고 대상자의 수준에 따라 처리 과정이 어떻게 다르게 작용하는지 규명하려는 노력을 하였다. 특히, 공격적, 위축적인 문제학생의 부적응 행동 처리 과정을 분석함으로써 개인차의 원인을 밝히려고 하였다. 그리고 사회인지 처리 과정과 부적응 행동에 대한 진단과 처치를 위한 임상적인 지원에 관심 두고 접근하였다.

Dodge의 사회적 정보처리 모델의 기본적인 처리 과정은 〈그림 2〉와 같다. 학생들은 구체적인 사회적 상황이나 문제에 직면하게 되면, 생리적으로 정해진 자신의 능력과 자기가 가지고 있는 기초 자료(data base)를 문제 상황에 적용하게 된다. 이때, 환경에서 얻게 된 사회적 단서도 함께 작용할 수 있다. 이러한 처리 과정은 일정한 순서와 단계로 일어나게 되지만 언제나 순차적으로 처리되거나, 반드시 의식적으로 진행되지 않을 수 있다는 것을 가정하고 있다. 그러나 학생이 능숙하게 처리하면 다른 사람이 판단하기에 능력이 있다고 인정할 것이고, 그렇지 않고 미숙한 방식으로 처리를 하게 되면 일탈 또는 부적응 행동으로 평가될 수 있다는 것이다.

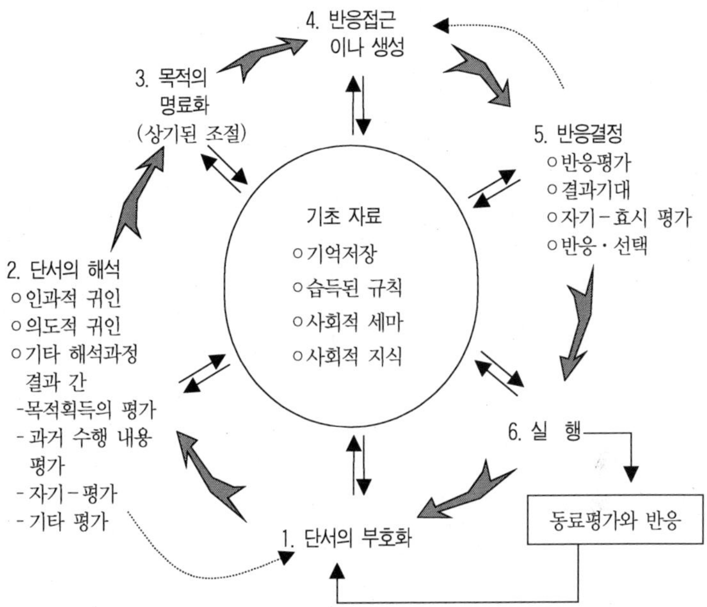

참조 : Crick, N. R., & Dodge, K. A.(1994). A review and reformulation of social-information-processing mechanisms of children's social adjustment. *Psychological Bulletin*, 115, p.74.

〈그림 2〉 사회적 정보-처리 모형

Dodge(1985)의 사회적 정보처리 초기 모델은 기본적인 처리 과정으로 다섯 단계를 설정하였다. 그 뒤 Crick과 Dodge(1994)가 개정한 모델은 내·외적 단서의 지각, 이들 단서의 해석과 표상, 목표의 명료화, 반응접근, 반응결정, 실행의 여섯 단계를 제시하고 있다. 그리고 최근에 Lemerise와 Arsenio (2000)는 여섯 단계의 사회적 정보처리 모델에 정서적 영역을 통합한 모형을 제시하였다.

개정한 통합 모형의 각 단계별로 정서적 요인도 함께 설명하면 다음과 같다.

단서의 부호화와 해석(1, 2단계) : 이 단계에서 학생은 선택적으로 구체적인 상황과 내적 단서에 주의하고 해석하는 것으로 보인다. 해석을 할 때 몇 가지 개인적인 특성이 나타난다. 첫째, 자기가 받아들이고 싶은 것을 자기 나름대로 취사선택해서(filtered), 그리고 개별화시켜서 상황 단서를 장기 기억에 표상한다. 둘째, 상황에서 발생한 사건을 인과적으로 분석한다. 셋째, 귀인과 같이 상황 내에서의 타인 조망에 관하여 추론한다. 넷째, 이전에 사회적 교류로 획득했던 목적이 어떠했는지에 관하여 평가한다. 다섯째, 이전에 동료와 교류했을 때의 수행에 대한 결과기대와 자기-효과의 정확성을 평가한다. 여섯째, 과거와 현재의 자기와 타인에 대한 의미를 평가한다. 이러한 모든 해석과정은 기억에 저장되어 있는 데이터베이스의 영향을 받아 처리된다. 그리고 해석과정에서 다시 데이터베이스의 하위 내용을 변화시키거나 수정하게 된다.

이들 단계에서 학생들의 내적인 정서적 단서가 다른 상황적 단서와 어울려 부호화되고 해석될 수 있고(Crick & Dodge, 1994), 이미 차지하고 있던 정서적 경험, 정서를 조절하는 기술도 부호화와 해석 과정에 영향을 줄 수 있다(Lemerise & Arsenio, 2000).

목표의 명료화(3단계) : 상황을 해석하고 난 뒤, 학생은 상황에서 원하는 결과와 목적을 선택하게 된다. 아니면 이전에 이미 가지고 있던 목적을 지속하려고 한다. 학생이 선택할 목적은 각성 상태(arousal states)에서 획득하려는 방향을 정하는 기능이라고 할 수 있다. 따라서 학생이 정한 목적의 방향이나 경향은 끝까지 지속되기도 하지만, 사회적 자극이나 상황에 반응하는 과정에서 목적을 수정하기도 하고 새로운 목적을 세우기도 한다.

이 단계에서 정서적 과정이 더 분명한 역할을 한다. 목적의 명료화 단계는 정서를 조절하거나 유지하는 내적 요인과 수단적 목적을 활용하는 외적 요인이 포함되어 있기 때문에, 정서는 특정한 목적을 위해 에너지가 집중될 수 있다. 그리고 목표 선정이나 획득 과정은 기분이나 정서적 수준에 의해서 수정될 수도 있다.

반응접근(4단계) : 이 단계에서 학생은 새로운 사회적 단서를 과거의 경험에 의해서 얻어진 지각 단서를 목표 상황에 적응시킬 준비를 한다. 반응에 접근할 행동목록을 많이 가지고 있으면 효과적인 사회적 행동을 선택할 수 있다. 생산적인 기술, 획득된 규칙구조, 과거경험, 활용할 수 있는 행동목록, 처리의 순차성 모두가 이 반응에 영향을 줄 수 있다.

학생들이 경험하고 있는 정서가 반응접근에 영향을 줄 수 있다. 그리고 특정한 반응접근은 정서를 수정할 수 있다. 이렇게 주장할 수 있는 것은 과거 경험의 표상에는 정서적인 요인이 포함되어 있다는 견해들이 있기 때문이다. 따라서 화를 내거나, 두려워하고,

행복감을 느끼는 것은 각각의 정서적 요인에 의한 반응접근 형태라고 할 수 있다.

반응결정(5단계) : 이 단계에서 학생은 이미 실행하기 위해 접근하거나 설정해둔 반응을 평가한다. 그리고 본인이 실행하기에 가장 효과적이라고 여기는 반응을 선정하게 된다. 반응결정 단계에서, 반응을 실행했을 때 정확성(결과기대), 반응을 실행할 때의 실행 능력 정도(자기-효과), 반응의 적절성에 대한 평가(반응평가), 그리고 실행하기 위해 가장 긍정적으로 평가한 반응 선택(반응 선택) 같은 요인들이 관여될 수 있다. 그리고 환경적 맥락도 고려된다. 이 단계는 발달과정에서 획득된 일종의 정신적 기술을 필요로 한다.

또한 정서적인 선행 경험과 정서적인 기분을 어느 정도 조절하느냐에 따라 반응이 결정된다. 상황에 도전하는 정서적 조절 기술이 반응결정에 영향을 준다. 정서적으로 조절 능력이 좋은 사람은 좀더 유능한 반응을 선정하기 위해 여러 가지 측면을 따져서 상황에 대한 반응을 결정할 것이다.

반응실행(6단계) : 실행단계에서 학생은 선정한 반응을 행동으로 실행하기 위해서 언어적이고 운동적 기술을 요구하게 된다.

이 단계에서도 몇 가지 정서와 관련된 처리가 반응실행에 영향을 미칠 수 있다. 학생이 경험한 정서의 정도, 그리고 정서를 조절

하는 능력이 반응실행에 중요한 요인으로 작용한다. 학생이 정서적으로 적절하게 반응한다는 것은 복합적인 조망을 통해서 주어진 사회적 상황에 민감하게 자신을 표현하는 조절 능력이 요구된다. 또한 학생이 저장하고 있는 사회적 지식인 데이터베이스의 일부가 정서적 단서가 될 수 있다.

전체적으로 사회적 상호작용과 정신적 처리 과정은 한 곳에 멈춰 있는 것이 아니라 연속되는 사건에 따라 제시한 각 단계가 순환하는 것으로 볼 수 있다.

Dodge(Dodge, 1985; Dodge & Crick, 1994)는 자신의 모델에 대하여 다음과 같은 기본적인 가정을 하고 있다.

첫째, 처리 과정은 정해진 계열적 순서와 단계로 일어난다.

둘째, 처리 과정에서 의식적인(conscious) 방식과 무의식적인 방식 모두가 작용할 수 있다.

셋째, 처리 과정은 매우 빠르게 진행된다.

넷째, 동시적이고 병렬적으로 사회적 정보를 처리한다(Rumelhart et al., 1986).

즉 부호화하면서 해석을 하고, 반응에 접근하면서 다른 행동 수단을 탐색한다. 개정 모형(Crick & Dodge, 1994)에서는 일직선상의 계열적인 구조보다는 피드백이 가능한 원 모양의 순환적인 구조를 취하고 있다. 그리고 모든 처리 단계가 동시적, 순환적, 탐색

적이지만 일련의 시간상의 계열성을 유지하고 있다.

다섯째, 모델의 처리가 실행될 때, 한 지점에서 끝나는 것이 아니라 사회적 상황에 따라 지속적으로 자기-조정해가는 과정을 거친다.

따라서 1, 3, 4, 6단계는 자료-생성(data-generating), 혹은 실행(action) 단계로 볼 수 있고, 2, 5단계는 조정적인 자료 평가, 혹은 결정 단계이다(Dodge, 1985).

여섯째, 각 단계의 처리가 분리될 수 있다. 분리함으로써, 독립적으로 측정을 할 수 있다. 그러나 이 과정은 순차적으로 진행되기 때문에 이전 단계의 처리 영향이 다음 단계에 혼합되어 나타난다.

일곱째, 사회적 상황이나 내적 단서의 해석과정에서 학생들은 인지적 도식(schema)이나 탐색에 의존한다.

2. 사회적 정보처리 과정의 관련 변인

1) 사회적 상호작용

사회적 정보처리 과정은 다른 사람과 관련된 문제이기 때문에 실행의 어느 지점에서 처리가 끝나는 것이 아니다. 학생은 자신의 행동이 원하는 것이 아니라고 여기면 상황에 따라 끊임없이 수정을 한다. 이것은 발달과정에서 습득되는 것으로 보이는 자기-조절(self-regulatory process) 과정이다(Dodge, 1985). 학생이 자신의 행동을 수정하기 위해 사용하는 단서는 환경으로부터 새로운 단서를 끌어들여 그 상황에 투입함으로써 이루어진다. Dodge는 이것을 〈그림 3〉과 같이 사회적 행동과 사회적 정보처리의 순환적인 관계로 기술하였다.

이 순환적인 과정은 정보처리 단계의 반복으로 이루어진다. 학생이 동료에게 어떤 행동을 하면, 이에 자극된 동료가 학생의 행동에 대하여 정보처리를 실행을 하게 된다. 동료 역시 사회적 정보처리 과정을 통해서 행동을 했다고 볼 수 있다. 만일 어떤 학생이 사회적 상황에서 부적절한 공격적인 방법으로 반응을 했다고 하면 상대 학생 역시 그 학생을 거절하거나 일탈적인 방법으로 사회적 정보를 처리할 수 있을 것이다. 결과적으로, 이 학생은 더 심한 사회적인 곤경에 직면하게 될 수도 있다. 이런 방식으로 마치 장기 게임을 하듯이 각 학생의 인지적 작용은 다른 학생의 행동과 상호작용하게 된다.

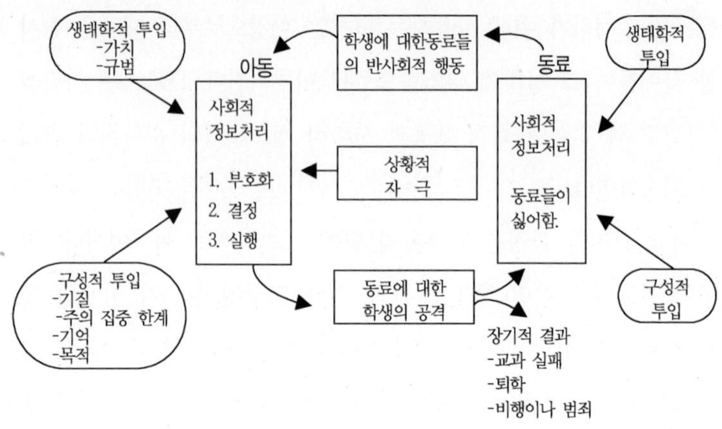

참조 : Dodge, K. A. (1985). Social information processing model of competence in children. *Minnesota Symposia on Child Psychology*, 18, 99-125.

<그림 3> 사회적 상호작용 모형

2) 정서적 요인

일반적으로, 정서와 인지 모두 사회적 정보처리의 한 유형(type)이지만, 정서는 동기(motivation)와 관련이 있고, 인지는 지식(knowledge)에 관련이 있기 때문에 이들의 기능이 서로 다르다는 주장(Izard, 1994)과, 정서 과정(process)과 인지 과정은 서로 영향을 미치기 때문에 뇌 손상과 관련된 것을 제외하고는 순수하게 정서와 인지를 구별하기는 어렵다는 의견도 있다(LeDoux, 1995). 그러나 Lemerise 등(2000)은 '사회적 능력에서 정서적 과정은 인지적 과정(주의, 학습, 기억, 논리)과는 다른 개인 내나 개인

28

간의 동기적, 의사소통적, 그리고 조절적인 기능'으로 정의하고 있다. 이들은 정서적 과정을 사회적 정보처리 모델에 통합하려는 시도를 하였다.

부적응 학생들은 사회적 정보처리 과정의 부호화나 해석 단계에서 다른 사람의 정의적 표현을 이해하는 데 어려움이 있고, 자신의 정서적 표현행동에 결함을 가지고 있다(Casey, 1996). 그리고 분위기나 각성수준이 부호화와 해석에 영향을 줄 수 있다. 특히 행복한 기분은 슬프거나 화난 기분과 서로 다르게 영향을 미칠 수 있다(Oatley & Jenkins, 1996).

정서는 Crick와 Dodge(1994)가 사회적 정보처리 모형에서 언급한 '집중된 각성 상태'(focused arousal states) 즉, 목적의 명료화 단계와도 관련이 있다. 이들에 따르면, 정서는 특정한 목적에 집중할 수 있게 한다는 것이다. 예를 들면, 친구와 놀기 위해 원래 하려던 놀이를 포기하고 친구가 좋아하는 놀이로 바꿀 수 있기 때문이다. 또한, 동료에 대한 정의적 단서가 학생들의 목적에 영향을 미칠 수 있다. 긍정적인 정서적 표현은 친구와 친해져야겠다는 목적을 촉진시키지만, 부정적인 단서는 친구와 사귀려는 마음을 방해할 수 있다는 것이다. 자기 자신이나 다른 사람의 감정에 압도된 학생들은 자신의 각성 상태를 줄이기 위해, 회피나 적대적 목적을 선택할 수 있다. 특히 정서적인 단서 탐색에 결핍이 있는 학생들은 다른 사람의 고통을 인식하지 못하기 때문에, 친구관계를 해치는 목적을 추구할 수 있다(Cohen & Strayer, 1996).

반응결정 단계에서, 학생은 자신이 경험하고 있는 정서에 영향을 받을 수 있다. 그리고 특정한 반응에 접근하기 위해 정서를 수정할 수 있다. 이들 두 가지 가능성은 과거 경험의 표현이 정서적 내용과 관련되기 때문이다. 따라서 화남, 위협감, 행복감들이 서로 다른 반응 유형이 될 수 있고, 이러한 반응들이 표현될 때는 정서적 속성과 연관될 수 있다. 불안을 줄이기 위해 회피 경험이 있다면, 회피 반응접근이 두려움에도 선택될 수 있다. 또한 상황을 처리할 때, 정서적 조절 기술이 있는 학생은 몇 가지 접근 반응을 고려하거나 평가하는 노력을 한다. 조정 능력이 있다는 것은 좀더 바람직한 반응을 선정할 수 있는 여러 측면의 인지적이고 효과적인 조망을 하고 난 뒤에 상황을 판단하는 것이다(Saarni, 1999).

반응실행단계에서도 학생이 경험하는 정서와 정서를 조정하는 능력이 영향을 받을 수 있다. 상황에 적절하게 자신의 정서를 느끼고 표현한다는 것은 다양한 측면의 조망이 요구되기 때문이다(Saarni, 1999). 특히 정서적 단서 파악에 결함이 있는 학생은 상대적으로 상황에 관계없이 고정된 반응패턴으로 접근할 수 있다.

3) 사회적 능력

사회적 정보처리 모델의 기본 가정은 사회적으로 적응 능력이 우수한 학생은 일련의 사회적 정보처리 과정을 잘 수행할 수 있을 것으로 보고 있다. 따라서 사회적 정보처리 과정을 잘 처리하는 학생은 사회적 적응 능력도 우수할 것이라고 예측 할 수 있다

(Dodge & Price, 1994).

사회적으로 능력 있는 행동에 관한 사회적 정보처리 특성에 대한 연구는 주로 이들과 대비되는 사회적 부적응 학생들의 행동을 분석하기 위한 비교 연구와 사회적 능력 자체에 대한 탐색 연구로 나누어진다.

부적응 학생들과의 비교 연구들은 주로 공격적인 또래들과의 관계(Dodge, 1986; Dodge & Tomlin, 1987; Fuchs & Benson, 1995), 공격적인 학생과 고립적인 학생과의 관계(Leffert & Siperstein, 1996), 공격적인 학생과 위축적인 학생의 비교(Quiggle et al., 1992) 연구 등이 있다.

Dodge와 Price(1994)는 사회적으로 문제를 효과적으로 해결하는 사람들을 연구 대상으로 하여 사회적 정보처리 특징을 밝히려는 연구를 시도하였다. 그것은 위에 제시된 연구들과 같은 비교 연구의 문제점을 극복하기 위한 것이다. 결과적으로 사회적으로 적응 능력이 있는 우수한 행동은 사회적 정보처리 능력과 관련이 있는 것으로 나타났다. 또 이 학생이 사회적 상황(동료집단 참여하기, 도발 대응하기, 권위적 지시 대응하기)에서 사회적 정보를 잘 처리하였고, 정보처리 능력은 구체적인 영역에서 능력을 더 잘 발휘하였다.

4) 사회적 상황

Putallaz와 Gottman(1981)이 '동료들의 놀이 참여하기' 과제를 처음으로 연구하기 시작한 이후 Dodge(1985)는 '동료집단 참여하기'와 '동료도발 대처하기'에 대하여 애매한 상황과 적대적 상황으로 상황을 구체화하였다. 이들의 연구 이후 '동료집단 놀이에 참여하기' 과제에 대하여 '애매한 도발상황 대처하기', '적대적 상황 대처하기', '갈등상황 대처하기', '호의적 상황 대처하기' 등과 같은 연구를 통하여 상황 대처 기술을 측정하기 시작하였다.

이와 같은 연구 결과, 공격적인 학생들은 애매한 상황을 적대적으로 이해하거나 공격적인 반응을 보인 것으로 밝혀졌으며(Ersley & Asher, 1996), 위축적인 학생들은 애매한 상황에서 적극적인 사회적 문제해결보다는 과제에서 벗어나려고 하고, 동료 도발 상황에서 공격적인 학생들이 비공격적인 학생들보다 적대적 편견을 많이 보인 것(Steinberg & Dodge, 1983)으로 밝혀졌다.

갈등상황에서도 동료와 좋은 관계를 맺으려는 적극적인 학생은 상대와 좋은 관계가 유지되는 전략을 선택하거나 유지시킨 반면, 수동적인 학생들은 대부분 갈등을 회피하려는 데 관심을 두었으며, 적대적이거나 충돌적인 전략보다는 수동적이고 친사회적이고 권위에 호소하는 전략을 선택하였다(Chung & Asher, 1996).

갈등상황은 학생들의 전략에 영향을 미쳤다. 즉, 갈등상황에서 적대적 목적과 학생들의 보복행동과 높은 상관을 보였다(Chung & Asher, 1997). 따라서 사회적 상황이나 과제는 학생이 추구하는 사회적 목적에 따라 그 처리가 달랐고 또한 거기에 따라 학생의 사회적 행동이 결정되었다.

5) 사회적 선행지식

사회적 상황에서 학생은 단서를 부호화하고 해석하는 과정에서 자신이 이미 가지고 있는 선행 지식의 인지적 탐색 방식이나 도식에 의거하여 정보를 처리한다(Crick & Dodge, 1994). 즉, 사회적으로 부적응 행동을 보이는 학생들은 일반 또래 동료들과는 다른 쉐마를 사용하는 것으로 나타났다(Strassberg & Dodge, 1987; Dodge & Newman, 1981). 그리고 위축적이거나 우울한 학생들의 부정적-자기 쉐마의 개념은 과거 경험의 표상, 낮은 지식, 대인관계 실패, 낮은 성취와 관련이 있고, 이러한 선행지식은 정보처리를 해나가는 데 영향을 미치고 장래에 부정적인 성격을 지속시킨다(Garber & Hilsman, 1992).

3. 선행연구 분석

사회적 정보처리에 관한 연구는 주로 공격적인 학생과 위축적인 학생을 대상으로 하여 이루어졌다.

먼저 공격적인 학생을 대상으로 한 연구를 살펴보면, 공격적인 학생은 사회적 상황에 대한 주의와 인식의 부정확이 부호화나 해석에 영향을 미쳤고(Dodge & Newman, 1981; Golman et al., 1980), 선택적으로 단서에 관심을 보이며 심지어 호의적인 의도에 대해서도 적대적이고 거부적으로 해석하였다. 또한 도발자가 호의적인 의도로 접근할 때보다 적대적인 의도를 가지고 도발을 했을 때 훨씬 더 공격적인 반응 보였다(Feshbach, 1970; Dodge, 1980).

또 다른 연구 결과는 공격적인 학생은 단서에 대하여 편파적인 감정을 가지고 있다는 것이다(Gouze, 1987). 그리고 Dodge와 Frame(1982), Sancilio 등(1989)의 연구에서는 적대적 의도 상황에서 편견이 강하게 나타났다. 또한 공격적인 학생들은 주인공이 실제로 호의적인 의도로 반응을 했지만, 적대적으로 해석하는 의도 -단서 탐색 결함(intention-cue detection deficit)을 보였다(Dodge et al 1984, Waldman 1988). 그 외 2학년부터 8학년에 재학 중인 공격적인 학생들을 대상으로 한 연구(Dodge, 1980; Guerra & Slaby, 1989)와 유치원부터 8학년까지 재학 중인 공격적인 학생을 대상으로 한 연구(Dodge & Frame, 1982; Dodge & Tomlin, 1987; Dell, Fitzgerald & Asher, 1987; Quiggle et al., 1992; Sancilio, Waas, 1988) 결과는 공격적인 학생들이 동료의 의도를 해석할 때 적대적인 귀인 편견(hostile attributional biases)을 갖고 있는 것으로 밝혀졌다. 특히 공격적인 학생들은 자신이 위협을 받고 있다고 느낄 때거나, 충동적으로 반응할 때 더 적대적 귀인 편견을 보였다(Dodge & Somberg, 1987; Dodge & Newman, 1981). 이와 같이 공격적인 학생들의 사회적 상황에 대한 인식은 반응접근, 반응결정, 실행단계에도 영향을 미치는 것으로 나타났다.

동료집단 참여시도에서 공격적인 학생들이 물리적으로 공격적이거나 과제와 관련 없는 반응접근을 하는 경우가 많았다(Dodge et al., 1986; Rubin et al., 1987). 그리고 동료도발 대처하기 반응에서도 직접적인 신체적 공격으로 반응하는 것으로 나타났다(Slaby & Guerra 1988; Waas 1988; Walters & Peters, 1980). 또한 자신은 동료에 비해 무능하거나, 사회성이 부족하다고 인식하는 반응을 보였다(Asher & Renshaw 1981; Pettit et al., 1988).

특히, 반응평가에 관한 연구에서 공격적인 학생들은 일어날 일의 결과에 대해 사전에 충분한 평가를 하지 않고 반응결정을 하는 것으로 나타났다(Kendall & Braswell, 1985). 여러 연구에서 공격적인 학생들은 공격적인 행동에 대하여 도덕적으로 나쁘다고 판단하기보다는 호의적이고 적극적인 행동 수단으로 생각하였고, 자신이 제시한 전략에 대하여 부정적으로 생각하지 않은 것으로 밝혀졌다(Crick & Ladd, 1991; Asarnow & Callan, 1985; Boldizar et al., 1989; Perry et al., 1986). 심지어는 동료도발이나 사회적 거부에 대해서 공격적 반응이 가장 적절한 반응이라고 보았다(Garber et al., 1991).

공격적인 학생들은 다른 학생들에 비해 동료 집단에 참여하는 기술이 부족하고, 다른 학생들에 비해 보복적인 유형의 공격적인 반응을 더 나타냈다(Dodge et al., 1986; Goftman et al., 1975). 그리고 주장(assertion)과 같은 대안적 반응을 제시하더라도, 실행하는 데 필요한 자기-조절 기술이 부족한 것으로 나타났다(David et al., 1987).

공격적인 학생에 관한 연구에 비해 위축적인 학생을 대상으로 한 연구는 많지 않다. Beck(1967)은 위축적인 학생은 적극적인 단서를 무시하고 부정적인 단서에 과장되게 주의하는 것으로 보고하였다. 그리고 위축적인 학생들은 위축과 관련 있는 정보로 지각하고 적극적인 단서보다는 부정적인 자기-참조에 관심을 가졌다(Garber & Hilsman, 1992; Hammen & Zupan, 1984).

사회적으로 인기가 없고 위축된 학생들은 자신의 부정적인 결과를 내적 원인에 돌리고, 긍정적인 결과에 대하여는 외적 원인에 두었다(Ames et al., 1977; Aydin & Markova 1979; Goetz & Dweck, 1980). 그리고 다른 학생과 동등한 처리를 했음에도 불구하고, 위축된 학생들은 자신의 행동을 부정적으로 해석하였다(Garber, 1987).

Mullins 등(1985)의 연구에서 위축적인 학생들은 문제와는 전혀 관련 없는 반응을 열거하였고, Rubin (1982)의 연구에서 위축적인 학생들은 다른 학생들에 비해 갈등상황에서 더 복종적이나 상대의 공격적인 반응에 위축적이고 어른에 의존하는 것으로 나타났다.

Garber 등(1991)에 의하면, 위축적인 학생들은 학습에서의 실패와 사회적인 관계에서 거절당했을 때의 반응은 슬퍼하고, 화내고, 불행해 하는 것으로 나타났으며, 회피 수단이 긍정적이지 않다는 것을 알면서도 위축적인 반응을 더 선호하는 태도를 보였다.

이상은 사회적 정보처리 단계별로 공격적인 학생과 위축적인 학생을 각각 별도의 연구 대상으로 구성하여 사회적 정보처리 특징을 밝혀보려고 시도한 연구 결과들이다. 따라서 이와 같은 특정한 단일 영역을 중심으로 한 연구 결과가 같은 영역에서만 해당되는 문제인지, 다른 상황에서도 같은 문제행동을 일으킬 것인지 불분명하여 이에 대한 구체적인 접근이 필요하다고 할 수 있다.

이러한 문제를 보완해보기 위해 Quiggle 등(1992)은 3학년과 6학년의 공격인 학생과 위축적인 학생을 한 연구에서 서로 비교 대상으로 사회적 정보처리 능력을 실험하였다. 연구 결과에서 공격적인 학생은 적대적 귀인편견과 공격적 반응접근을 선호한 것으로 나타났다. 그리고 위축적인 학생 역시 공격적 학생과 비슷하게 공격적인 편견을 보인다는 것을 밝혔다. 이와 같은 결과는 공격아와 위축아를 따로 실험한 연구와 다른 결과라고 할 수 있다. 그러나 위축적인 학생들은 상황을 수동적이고 위축적으로 회피하는 것이 더 쉬운 방법이고, 더 나은 결과를 가져올 것이라는 반응을 보임으로써 공격적인 학생과 위축적인 학생들은 사회적 능력에 결핍과 편견이 있다는 지금까지의 연구 결과와 일치하고 있다. 이들의 연구는 공격아와 위축아와의 비교 연구를 통하여 두 집단 간의 공통된 특징과 연관성을 동일한 평가도구를 통하여 밝혀보려는 것과 부분적이지만 정의적 반응을 밝힌 것에 의의가 있지만, 두 집단의 하위 단계의 구체적인 사회적 정보처리 특성을 밝혀내는 것에는 한계를 보였다.

사회적 정보처리 연구와 관련하여 지금까지 살펴본 연구는 주로 일반학생들 중에서 공격적이고 위축적인 행동을 보이는 학생들이 주 대상이었다. 정신지체학생을 대상으로 한 연구는 아주 극소수에 불과하였다.

Leffert와 Siperstein(1996)은 정신지체 초등부 학생 중 공격적 행동과 고립행동을 보이는 학생들의 사회적 정보처리 능력에 대해 연구하였다. 적대상황, 애매한 상황, 호의적 상황에 따른 부호화, 해석, 반응접근, 반응평가 단계에 대한 연구 결과에서 공격적인 정신지체학생들은 적대적 상황에서 적대적 의도를 정확하게 부호화하고 해석하였다. 이것은 Dodge와 Newman(1981), Golman 등(1980)의 연구와 다른 결과라고 할 수 있다. 그러나 호의적 의도를 해석하는 능력은 비공격적 정신지체학생들보다 어려움을 보인 결과에 대하여 Leffert와 Siperstein(1996)는 정신지체학생들이 직면한 상황 자체는 정확하게 부호화 할 수 있지만, 상황 뒤의 호의적 의도를 추론하지 못하기 때문이라고 제안하였다.

반응접근단계에서 고립아들은 동료집단 참여하기 과제에서 회피전략을 많이 제시하였지만, 동료도발 상황에서는 자기주장적이고 공격적인 전략을 더 선호하였다. 반응평가에서 정신지체학생들은 자신들이 제시한 전략에 대하여 '좋다', '나쁘다'라고 평가하였지만, 집단 간 의미 있는 차이는 없었다. 그러나 자신들이 선택한 전략에 대하여 가치 체계를 분명히 구분하는 것으로 나타났다.

Fuchs와 Benson(1995)은 공격적인 경도 정신지체학생과 비공격적인 정신지체학생들에 관한 연구에서 공격적인 정신지체학생들이 비공격적인 학생들에 비해 공격적인 전략과 반응을 한 것으로 보고하였다. 그러나 애매한 상황에서는 두 집단 간에 유의미한 차이가 없는 것으로 제시하였다. 이 결과는 Leffert와 Siperstein(1996)의 정신지체학생을 대상으로 한 연구와는 다른 결과라고 볼 수 있다. 그리고 효과적이고 주장적인 전략 제시 수에서 공격적인 학생과 비공격적인 정신지체학생 간에 의미 있는 차이가 없는 것으로 나타났다. 그러나 차이가 없었던 것은 연구 방법 면에서 질적인 분석이 아닌 양적인 분석으로 인한 것으로 보여진다. 또한 정신지체학생들은 해결 수준이 낮고 조잡하면서도 반복적으로 대답하는 경향이 있기 때문이라고 보여진다. 특히, 첫 반응접근에서는 공격적인 정신지체학생들이 비공격적인 정신지체학생들보다 더 공격적인 반응을 보인 것으로 나타났다. 반면에 비공격적인 학생들은 첫 번째 반응생성에서 공격적인 정신지체학생들보다 더 효과적이고 주장적인 전략을 제시한 것으로 나타났다.

정신지체학생을 대상으로 한 두 연구 결과는 일반학생의 공격적이고 위축적인 학생들이 보이는 특징과 다른 결과를 일부 발견하였다는 점에서 의의를 찾을 수 있다. 그러나 이들 두 연구는 사회적 정보처리의 일부 단계만 사용하여 연구하였기 때문에 정신지체학생의 실행단계에서의 반응을 알 수 없고, 연구 대상을 공격적인 정신지체학생을 중심으로 하였기 때문에 상대적으로 위축적인 행동을 보이는 정신지체학생에 대한 특성을 파악하지 못하였다. 특히, Fuchs와 Benson(1995)은 정신지체학생이 나타내는 반응을 전략생성의 수로 평가하였다. 이것은 정신지체학생이 보이는 일반적인 특성인 낮은 전략을 반복적으로 제시하는 것을 단지 양적인 수의 차이로 두 집단 간을 비교하였기 때문에 전략제시의 질적 수준에 대한 평가가 모호하다고 할 수 있다.

사회적 정보처리 이론 이외의 연구에서는 사회적 주의력, 조절 능력 및 정서적 감정 상태(emotional intensity and negativity)가 문제 행동에 미치는 영향(Eisenberg et al., 1994; Eisenberg et al., 2000)을 밝히려는 시도들이 이루어졌다. Eisenberg 등(1997)은 학생들의 사회적 표현과 사회적 조정 기술이 다양하며 이것은 사회적 능력과 연관이 있다고 주장하였다. 그리고 학생이 과거의 경험을 표현할 때, 과제와 직접 관련이 없는 심리적인 각성이나 분위기 때문에 사회적 상황에 주의를 빼앗길 수 있다는 주장을 하였다. 그러나 지금까지 사회적 정보처리와 사회적 조정 단서와의 관련성에 대한 연구는 별로 없었지만, 최근 사회적 정보처리와 정서를 통합적으로 조망하려는 연구들은 사회적 조정 단서가 사회적 적응 행동에 미치는 영향을 설명하려는 이론적인 수준의 출발이라고 볼 수 있다(Ladd & Crick, 1989; Dodge & Somberg, 1987; Lemerise & Arsenio, 2000).

이상 살펴본 선행연구내용을 종합하여 지금까지 진행되어온 연구들에 대한 문제를 제기하면 다음과 같다. 첫째, 사회적 정보처리 연구들이 각기 다른 연구 대상을 중심으로 연구하였기 때문에, 연구 결과를 일반적인 상황에 적용하는 데 한계를 가지고 있다. 둘째, 사회적 정보처리의 각 단계를 연구자의 의도에 따라 부분적인 단계의 특성을 제시하고 있어 사회적 정보처리 전반적인 처리 과정에 대한 특성과 사회적 행동 간의 관계를 밝히지 못하고 있다.

셋째, 학생들이 사회적 상황을 처리하는 데 있어 사회적 주의집중
과 단서파악이 중요하게 작용하고 있음에도 불구하고 사회적 정보
처리 연구에 적용한 연구가 없어 정보처리와 사회적 조정 단서활
용에 대한 관련성을 밝히지 못하고 있을 뿐만 아니라 사회적 조절
능력이 정보처리에 미치는 영향을 밝히지 못하고 있다. 넷째, 대부
분의 연구가 일반학생의 공격아와 위축아를 대상으로 수행되었고
정신지체학생을 대상으로 한 연구는 극히 일부에 그쳐 이들에 대
한 사회적 정보처리 특성을 파악하는 데 제한점을 가지고 있다.
또한, 일부 수행된 연구도 사회적 정보처리의 부분적인 처리 단계
에 그쳐 정신지체학생들의 전반적인 사회적 특성을 밝히지 못하고
있다. 다섯째, 사회적 정보처리 능력을 파악하는 연구자들 간의 단
계별 측정 방법과 기준이 각기 달라 일관된 연구 결과의 제시가
부족하다. 여섯째, 단일한 사회적 정보처리 단계의 특성을 파악하
는 연구에 치중되었기 때문에 사회적 상황에서 학생이 문제를 종
합적으로 처리하는 역동적 정보처리 특성을 밝혀 실제적인 사회적
행동을 설명하는 데 한계가 있었다.

본 연구에서는 정신지체학생의 사회적 정보처리 과정을 각 단계
에서 종합적이고 역동적으로 파악하고자 하였다. 아울러 다양한 사
회적 갈등상황을 적응적 행동과 공격적 행동 그리고 위축적 행동
특성을 보이는 학생들에게 동일한 사회적 장면에 직면하게 하여 동
일한 평가 척도에 따라 분석하고자 하였다. 또한 본 연구에서는 이
들 학생들에게 사회적 조정 단서를 주고 난 뒤에 사회적 정보처리

능력을 분석하여 사회적 행동과의 관계를 밝히고자 하였다.

따라서 이와 같은 연구 문제를 수행하기 위해 다음과 같은 연구 가설을 설정하였다.

1. 사회적 상황에 따라 대상 집단별로 사회적 정보처리 능력에 유의한 차이가 있을 것이다.
2. 사회적 조정 단서에 따라 대상 집단별로 사회적 정보처리 능력에 유의한 차이가 있을 것이다.
3. 사회적 문제 상황에서의 사회적 정보처리 능력과 실제 사회적 행동과의 유의한 차이가 있을 것이다.

Ⅲ. 연구 방법

1. 연구 대상

본 연구의 대상은 총 36명이었다. 대상자들은 서울 시내 11개 중학교 특수학급에 재학 중인 정신지체학생을 연구 대상으로 선정하였다. 집단은 사회적 적응아 집단, 공격아 집단, 위축아 집단으로 각 12명씩 구성하였다. 연구 대상자들을 선정할 때 이들의 생활연령, 정신연령, 가정환경을 고려하였으며 대상자 중에 생활연령이나 정신연령이 같다고 하더라도 교사와의 의사소통이 곤란한 학생은 제외시켰다. 대상자들에 대한 기초 자료는 학생들의 담임을 통하여 학교생활기록부에 기록된 연령과 지능지수를 참고하였다.

집단별로 서로 대상 집단의 특성을 잘 나타내는 동질적인 집단을 구성하기 위해, 해당 학생을 잘 알고 있는 담임교사와 학부모가 동시에 사회적 적응·부적응 행동 검사를 실시하여 검사의 일치도를 구했다. 이들의 검사 일치도가 85% 이상인 학생을 해당 집단의 대상자로 선정하였고 일치도가 낮은 학생은 대상에서 제외하였다.

선정된 대상 집단은 〈표 1〉과 같이 일원변량분석 결과 집단 간에 통계적으로 유의미한 차이가 없었다.

〈표 1〉 대상학생들의 집단별 구성

구 분	적응집단(N=12)	부적응집단		통계치
		공격집단(N=12)	위축집단(N=12)	
생 활 연 령	14.92(0.90)	14.83(0.83)	14.58(0.90)	F(2, 33) = .47, p>.05
지 능	69.25(11.02)	71.25(7.07)	67.33(16.34)	F(2, 33) = .32, p>.05

* 평균(표준편차)

2. 검사도구

본 연구에서는 사회적 적응·부적응 행동 검사와 사회적 정보처리 능력 검사를 실시하였다. 적응 행동은 정신지체학생들 중에서 적응집단 학생을 선별하기 위함이고, 부적응 행동은 공격적인 학생과 위축적인 학생을 그 대상으로 선별하기 위함이다. 그리고 정신지체학생들의 사회적 정보처리 특성을 알아보기 위하여 본 연구의 주 검사라고 할 수 있는 사회적 정보처리 능력 검사를 실시하였다.

1) 사회적 적응부적응 행동 검사

적응 행동과 부적응(공격, 위축) 행동 학생을 선정하기 위하여 본 연구에서는 두 가지 검사 도구를 사용하였다〈부록 1〉.

먼저 적응 행동과 공격행동 검사는 Crick와 Werner(1998)가 두 집단을 같이 연구하기 위해 활용한 도구를 사용하였다. Crick와 Werner가 1995년에 제작하여 사용하였던 도구를 재수정 하여 사용한 이 도구는 적응 행동 학생을 판별하기 위한 4문항과 공격적인 학생의 판별을 위한 10문항으로 구성되었다. 각 검사는 문항별로 5점 평정척으로 측정하도록 되어 있다. 이 검사의 내적 신뢰도는 $r = .94$ 이상이었다. 또한 이 검사의 적응 행동 검사와 공격 행동 검사 항목의 독립성을 알아보기 위한 요인분석결과(factor loadings)의 범위는 .70-.90이었다.

검사 문항점수가 적응아는 12점 이상, 공격아는 30점 이상을 받은 학생을 대상자로 선정하였다(문항점수 3점~5점에 해당; 부록 1참조).

본 검사의 신뢰도와 타당도는 선행연구의 결과에 준하였다. 그리고 본 검사의 검사자 검사-재검사 신뢰도 계수는 $r = .82$로 나타났다.

위축적인 정신지체학생을 선정하기 위하여 Harrist 등(1997)이 TRF(Teacher's Report Form of Achenbach Child Behavior Checklist)와 TCPR(Teacher's Checklist of Peer Relationships)의 검사항목을 위축학생을 선별하기 위해 재구성하여 표준화한 도구를 본 연구에 사용하였다. 이 검사는 위축적 행동의 하위영역을 구분하기 위해 7가지 요인(고립, 겁 많음, 불안, 미성숙, 슬픔/우울, 자제부족, 화냄/일탈)으로 영역을 나누고 있다. 영역별 비교분석

(일원변량분석)에서 집단 간 유의차(P<.0001)가 높게 나타났다. 이 검사의 문항에 대한 반분-신뢰도 검증에서 처음 대상자의 91.3% 가 하위 영역에 다시 분류될 정도로 문항 변별력이 높았다.

본 연구에서는 위축적 행동의 7가지 하위유형 중에서 공격아의 특성과 비슷한 행동을 보이는 화냄/일탈 항목은 공격아와 명확히 구분하기 위해 영역에서 제외하고 나머지 영역을 측정도구로 사용하였다. 문항은 14문항이고 5점 평정척(높을수록 더 위축적)으로 하였다. 본 연구에서는 42점 이상을 받은 학생을 대상자로 선정하였다(문항점수 3점~5점에 해당; 부록 1참조)

본 연구의 검사자 신뢰도는 검사-재검사 신뢰도로 측정하였는데 그 계수는 r=.85로 나타났다.

2) 사회적 정보처리 능력 검사

사회적 정보처리 능력은 각각 3가지 장면에 대해 실시하였고, 2차에 걸쳐 평가하였다. 사회적 정보처리는 목적설정 단계를 제외한 부호화, 해석, 반응접근, 반응평가, 실행단계에 대해 검사를 실시하였다.

1차 평가에서는 사회적 정보처리에 대한 조정 단서의 제공 없이 대상 학생의 반응을 기록하였다. 2차 평가에서는 사회적 반응을 보고 학생이 사회적 상황을 이해할 수 있는 사회적 조정 단서 질문을 부가로 제시한 뒤 사회적 정보처리 능력을 평가하였다.

1차 3가지 장면은 적대적 상황(생일초대 받기), 애매한 상황(비디오테이프같이 보기), 호의적 상황(공놀이 같이 하기)으로 선정하였고, 2차 사회적 장면도 적대적 상황(뒤에서 고의로 밀기), 애매한 상황(친구가 뒤에서 부딪치기), 호의적 상황(청소하다 옷 젖기)으로 모두 6가지 과제를 서로 다른 내용으로 구성하였다(부록 4참조).

6가지 사회적 사건에 대하여 면접 방법으로 사회적 정보처리 각 단계에 해당하는 질문을 하였다. 그리고 사회적 정보처리의 마지막 실행단계는 대상 학생의 담임교사들에게 갈등장면을 유발하게 하여 학생이 보이는 반응 행동을 직접 관찰하여 측정하였다. 갈등 장면 선정은 대상 학생들의 담임들이 가장 많이 추천한 '교실에서 친구가 연필을 빼앗아 달아나는 상황'으로 설정하였다.

각 단계별로 사회적 정보처리에 해당된 질문을 하고 반응내용을 분석한 후 배점기준에 따라 평정하였다.

사회적 정보처리에 대한 배점기준은 예비 검사에서 각 대상 학생들이 반응한 내용들을 유형 및 수준별로 재범주화 하여 정하였다. 사회적 정보처리는 4점 평정척으로 하였다.

(1) 1차 사회적 정보처리 능력 검사

3가지 사회적 상황 중 하나를 천천히 학생이 이해하고 있는지를 염두에 두면서 말 해준다(손 주머니 인형으로 상황을 묘사하면서 이야기하듯 설명하였다).

예시 : 애매한 상황; 비디오테이프 같이 보기

> 집에서 영철이가 재미있는 만화 비디오테이프를 학교에 가지고 왔다. 영철이가 바로 옆에 있는 철수한테 같이 보자고 말을 하고 있었다. 민수도 바로 옆에 있었는데 영철이는 민수에게는 같이 보자고 하지 않았다. 민수도 테이프를 같이 보고 싶었다.

단계1 : 부호화 단계

질문 : "지금 들려준 이야기를 다시 한 번 말해보세요?"

사회적 정보처리 반응평가

배점수준	배점기준	반응 예
1수준	막연한 내용	비디오. 비디오 안 봐요. 싸우려고 해요.
2수준	부분적인 내용	만화를 보자고 했어요. 비디오 사건. 같이 보자고 했어요.
3수준	전반적인 내용	다른 친구한테만 보자고 하고 나는 신경을 안 써요. 영철이가 나에겐 말을 하지 않고 철수에게만 재밌는 비디오를 보자고 했어요.
4수준	핵심이 들어간 내용	영철이가 재미있는 비디오테이프를 가지고 와서 철수에게는 같이 보자고 하는데 민수에게는 같이 보자고 말하지 않았다. 민수도 비디오를 보고 싶어 했다.

단계2 : 해석 단계

질문 : "영철이가 왜 그랬을까요?"

사회적 정보처리 반응평가

배점수준	배점기준	반응 예
1수준	일반적인 상황에서도 고의와 우연을 구분하지 못하고 상황 단서를 찾지 못함. 단순한 행동 진술의 반복, 자기경험이나 직감적 진술	영철이가 나랑 같이 있으면 창피하다고 해요. 친구들이 비디오 봐요.
2수준	일반적인 상황에서는 의도를 구분하지만 상황 단서를 찾지 못하여 어느 한쪽으로 해석	깐죽거려서 고의로 보여주지 않았다. 나에게 좋지 않은 감정이 있는 것 같다. 나도 같이 보기 싫어해요. 데려가기 싫으니까.
3수준	상황 단서를 찾지만, 상황해석에 이용하지 못하여 의도를 정확하게 해석하지 못하고 의도적인 것으로 해석	나보다 그 친구가 더 친하니까. 그 친구에게는 같이 보자고 하고 나에게는 같이 보자고 하지 않았다. 철수랑 더 친해서 그랬어요. 저랑 싸워서요.
4수준	의도를 구분하고 상황 단서를 해석에 이용하여 객관적인 것으로 해석	철수가 민수보다 더 친하거나 철수가 영철이에게 잘해줘서 철수에게 먼저 비디오 같이 보자고 말했을 것 같다. 영철이가 아마 그 비디오를 내가 본 줄 알고 나에게 말을 안 한 것 같다.

단계3 : 반응접근 단계

질문 : "민수는 어떻게 하였을까요?"

"다르게 할 수는 없나요?"

사회적 정보처리 평가

배점수준	배점기준	반응 예
1수준	반사적 반응 전략 선택 이유가 없음	그냥 가만히 있어요. 관심 없어요.
2수준	전략 지식이 한정되어 있고 상황을 고려하지 않은 전략 선택. 전략 선택 이유는 있으나 일반적인 전략 사용 이유이고, 장면과 관련이 없이 본인이 일방적으로 사용하던 전략임	선생님께 일러요. 다른 비디오 빌려서 보지요. 싸가지 없어서 죽이고 싶다. 왜 나만 빼느냐고 따진다. 그냥 집에서 혼자 빌려 본다. 내가 가서 미안하다고 사과 한다. 그냥 따라가서 같이 보거나 다른 비디오 빌려서 다른 친구랑 봐요.
3수준	상황에 적절한 전략 지식은 있으나 자신이 선호하는 전략을 선호함	왜 나한테는 안 물어보니? 하고 물어본다. 같이 보자고 계속 말할 거예요. 같이 보자고 하지 않아도 옆에 가서 조용히 본다. 쫓아가면서 계속 보여달라고 조른다.
4수준	여러 가지 전략을 알고 있고, 상황에 적절한 전략을 선택함	영철이가 옆에서 말했기 때문에 철수와 영철이가 애기하고 있을 때 나도 함께 끼어서 애기한다. 영철아 나도 안 본건데 나도 보면 안 되냐고 물어본다. 친하게 지내도록 다가가 본다. 화를 내면 안 되고 친구니깐 사이좋게 같이 놀자고 한다. 영철이에게 먼저 다가가서 화해를 하고 영철이에게 좀 더 잘해주고 웃으면서 같이 논다.

단계4 : 반응평가 단계

질문 : "그렇게 하면(3단계에서 제시한 전략) 어떻게 될까요?"

사회적 정보처리 평가

배점수준	배점기준	반응 예
1수준	전략에 따라서 결과가 다름을 모름. 앞 단계에서 선택한 전략에 변화가 없음	몰라요. 생각해보지 않았어요. 보여달라고 해요. 싸워요.
2수준	전략에 따라서 결과가 다름을 인식하지만, 전략-결과 간의 관계가 잘못됨	때려줘요-그러면 보여줄 거예요. 피해요-보고 싶지 않을 거예요. 보여달라고 하고 싶지만, 잘 몰라요. 보여달라고 하는 게 좋지만 때려 주는 것이 더 빨라요. 혼자 봐도 재미있어요.
3수준	전략에 따라서 결과가 다름을 인식하고 전략-결과 간의 관계를 바르게 알고 있지만, 전략 사용 방법상의 문제로 낮은 전략을 고수함	무시하면서 계속 안 좋은 상태로 지낼 거다. 조르면 보여주겠지요, 안보여주면 말고요. 그냥 모른척하고 말래요. 그게 마음이 편해요. 지금은 참았다가 나중에 혼내줘야 해요. 말로 하면 소용없어요. 혼내주어야 해요.
4수준	전략에 따라서 결과가 다름을 인식하고 전략-결과 간의 관계를 바르게 파악. 전략 사용 방법상의 문제를 알고 있고 상위 전략을 선택함	같은 반 친구끼리 보여달라고 하면 보여줄 거다. 내가 먼저 재미있는 것을 영철이에게 보여주면 영철이도 좋아할 것이고 앞으로 나에게 잘해줄 것 같아요. 먼저 왜 그랬냐고 물어보면 이유를 아니까 마음이 풀릴 거예요. 그냥 나두면 금방 잊어버릴 수 있어요.

단계5 : 실행단계에서는 지금까지의 가설적인 상황이 아니고
실제 갈등 장면에 직면하게 하고 학생의 사회적·정서
적 반응 행동을 관찰함

대상 학생이 교실에서 연필로 공책에 글씨를 쓰고 있을 때 한 친구가 뒤에
서 연필을 빼앗아 갔을 때의 반응을 관찰한다.

사회적 정보처리 반응평가

배점수준	배점기준	관찰반응 예
1수준	빼앗은 것에 대한 반사적 반응 전략 선택 이유가 없음	쫓아간다. 소리친다. 때려준다. 운다. 뺏긴 것을 도로 뺏을 려고 한다.
2수준	전략 지식이 한정되어 있고 상황을 고려하지 않은 전략 선택). 전략 선택 이유는 있으나 일반적인 전략 사용 이유이고, 장면과 관련이 없이 본인이 일방적으로 사용하던 전략임	맛있는 것을 사 준다고 한다. 그러지 말라고 한다. 피한다. 가만히 있는다. 무서우니까 참는다. 혼내준다. 영철이가 한눈을 팔 때 때려준다. 이유 없이 가서 똑같이 뺏는다. 선생님께 이른다. 몰래 보복한다.
3수준	상황에 적절한 전략 지식은 있으나 자신이 선호하는 전략을 선호함	용서 않고 가서 싸운다. 무시하는 것이라 생각하고 따진다. 귀찮으니까 내버려둔다. 사과 받고 싶으면서도 혼날까봐 가만히 있는다. 너 때문에 다칠 뻔했다고 말한다. 사과하니까 수용한다.
4수준	여러 가지 전략을 알고 있고, 상황에 적절한 전략을 선택함	그냥 보고 피해가 없으니까 그냥 둔다. 이해하고 그냥 하던 일을 한다. 이유를 묻는다. 인상은 써도 그럴 수도 있는 듯이 이해한다.

(2) 2차 사회적 정보처리 능력 검사(사회적 조정 단서 제시)

1차 3가지 사회적 상황과 같이 천천히 학생이 이해하고 있는지를 염두에 두면서 말해준다(손 주머니 인형으로 실제로 묘사하면서 이야기하듯 설명하였다).

예시 : 애매한 상황; 친구가 뒤에서 부딪쳤다

민수가 복도를 걸어가는데 영철이가 친구와 장난치면서 뛰어가다 민수를 뒤에서 부딪치고 지나갔다. 민수는 넘어져 다칠 뻔하였다. 그런데 영철이는 그냥 계속 뛰어가고 있었다.

단계1 : 부호화 단계

질문1 : " 무슨 이야기일까요?"

질문2 : " 무슨 일이 생겼나요?"

사회적 정보처리 능력을 측정하기 위하여, "무슨 일이 생겼나요?"라고 질문한다.

그냥 "도망갔어요!"와 같이 막연한 내용의 대답을 하면, "누가 도망갔나요?"라고 부분적인 내용을 언급하면서 재차 질문한다. 그래도 내용과 관련 없는 막연한 수준의 대답을 하면, 1점으로 배점하고 다음 "영철이가 막 뛰어가요"라고 대답하면, "누구를 부딪쳤나요?"라고 전반적인 내용을 언급하면서 재차 질문한다. 그래도 부분적인 내용 수준의 대답을 하면, 2점으로 배점하고 다음 단계로 진행해 간다. 대답 내용이 수준의 변화 없이 반복적인 내용이면 중단한다.

3, 4점에 해당되는 내용도 같은 방식으로 진행한다.

사회적 정보처리 반응평가

배점수준	배점기준	반응 예
1수준	막연한 내용	도망갔어요. 그냥 지나갔어요. 달려갔어요.
2수준	부분적인 내용	영철이가 막 뛰어가요. 민수가 복도를 걸어 갔어요.
3수준	전반적인 내용	영철이가 뛰어가다 민수를 부딪쳤어요. 민수를 부딪치고 그냥 뛰어가요.
4수준	핵심이 들어간 내용	영철이가 뒤에서 부딪쳐 민수가 넘어져 다칠 뻔 했어요.

단계2 : 해석 단계(상황 단서 이용하기)

질문1 : "영철이가 왜 그랬을까요?"(고의 대 우연 의도 구분)

질문2 : "왜 그렇게 생각하였나요?"(상황 단서 찾기, 장면 해석 중 3, 4점 배점 내용 언급 여부)

질문3 : "영철이는 왜 계속 뛰어 갔을까요?"(상황 단서 이용)

질문4 : "영철이는 민수가 넘어져 다칠 뻔한 것을 알았나요?" (상황 단서 찾기, 달리다가 그냥 뜀)

학생의 대답에서 문제에 대한 이해가 부족한 반응을 보이면, 다음과 같이 보충질문을 하여 문제 상황을 이해하고 있는지 확인한다.

보충질문1 : "사람들은 어떤 때 미나요?"(일반적인 상황에서 의

도적인 것과 객관성의 구분)

보충질문2 : "자기도 모르게 남을 민적은 없나요? 어떤 때인가요?"

(일반적인 상황에서의 의도 구분)

사회적 정보처리 반응평가

배점수준	배점기준	반응 예
1수준	일반적인 상황에서도 고의와 우연을 구분하지 못하고 상황 단서를 찾지 못함. 단순한 행동 진술의 반복, 자기경험이나 직감적 진술	밀었어요, 넘어졌어요, 밀면 넘어져요, 다쳐요, 다쳐요, 같은 반 친구가 그런 적 있어요, 나는 화가 나요, 미워요.
2수준	일반적인 상황에서는 의도를 구분하지만 (질문2-4)장면에서는 상황 단서를 찾지 못하여 어느 한쪽으로 해석	나빠서 밀었어요, 착한데 밀었어요, 미는 것은 나빠요, 영철이는 늘 그래요. 영철이는 힘이 세요. 민수가 잘못 하였어요. 민수가 잘못한 일이 있어요.
3수준	상황 단서를 찾지만, 상황해석에 이용하지 못하여(질문3) 의도를 정확하게 해석하지 못하고(질문1) 의도적인 것으로 해석(질문3)	영철이가 뛰어 왔어요. 영철이가 지나가면서 밀었어요. 영철이는 뛰느라고 바빠서 밀었어요. 일부러 밀고 도망갔어요. 영철이는(민수를 민 것을) 몰랐지만 일부러 넘어뜨렸어요. 민수는 영철이를 못 보았지만 일부러 했거나 장난으로 한 것을 알아요. 영철이가 지나갔으니까 일부러 한 거예요. 넘어질 뻔했으니까 일부러 한 거예요. 영철이가 밀었으니까 일부러 한 거예요. 민수는 넘어질 뻔 했으니까 영철이가 왜 그랬는지 알아요.
4수준	의도를 구분하고 상황 단서를 해석에 이용하여 객관적인 것으로 해석	영철이는 뛰느라고 바빠서 민수가 넘어질 뻔한 것을 몰랐어요. 민수는 영수가 뒤돌아보지도 않고 뛰는 것으로 보아 모르고 밀었다고 생각해요. 그냥 뛴 것을 보면 몰랐나 봐요. 놀리거나 일부러 할 때는 소리를 지르거나 웃는 데 안 그런 것을 보면 모르고 했나 봐요. 민수는 뒤돌아서 있어서 영철이가 왜 그랬는지 몰라요. 영철이는 모르고 그랬는데 민수는 그것을 모르니까 몰라요.

단계3 : 반응접근 단계

질문1 : "민수는 다음에 어떻게 하였을까요?",

　　　　 "다르게 할 수는 없나요?" (전략 지식, 전략 선택)

질문2 : "왜 그렇게 할까요?" (전략 선택 이유)

질문3 : "또 다른 방법은 없나요?"

사회적 정보처리 평가

배점수준	배점기준	반응 예
1수준	민 것에 대한 반사적 반응 (질문1) 전략 선택 이유가 없음(질문2)	쫓아가요. 밀었으니까요. 소리쳐요. 때려줘요. 울어요. 가만히 있어요. 나쁜 아이니까 때려준다. 밀었으니까 같이 민다.
2수준	전략 지식이 한정되어 있고 상황을 고려하지 않은 전략 선택(질문1). 전략 선택 이유는 있으나 일반적인 전략 사용 이유이고(질문2), 장면과 관련이 없이 본인이 일방적으로 사용하던 전략임	잘 해 주면 안 그러니까 맛있는 것을 사준다. 그러지 말라고 하면 안 그러니까 그러지 말라고 한다. 부딪치면 아프니까 피한다. 질지도 모르니까 가만히 있어야 된다. 무서우니까 화가 나도 참는다. 이길 수 있으니까 쫓아간다. 화를 내는 것은 나쁘니까 화를 안 낸다. 그냥 있으면 얕보니까 혼내준다. 영철이가 한 눈을 팔 때 때려준다. 왜 그랬느냐고 묻는 것보다 쫓아가서 똑같이 민다. 아무리 급해도 사과를 안 했으니까 선생님께 이른다.
3수준	상황에 적절한 전략 지식은 있으나 자신이 선호하는 전략을 선호함	모르고 했어도 나쁜 것은 나쁜 것이니까 싸운다. 모르고 했어도 나를 무시하는 것이니까 따진다. 왜 그랬느냐고 물어 볼 수 있지만 귀찮으니까 내버려 둔다. 사과하라고 하고 싶지만 용가가 안 나서 가만 있는다. 너 때문에 넘어질 뻔했다고 말한다. 미안하다는 말을 하면 괜찮다고 한다.
4수준	여러 가지 전략을 알고 있고 (질문2), 상황에 적절한 전략을 선택함	다칠 뻔하고 다치지는 않았으니까 그냥 둔다. 급할 때는 그럴 수 있으니까 그냥 하던 일을 한다. 급한 일이 있냐고 묻는다. 민수는 뒤를 못 봐서 영철이가 왜 그랬는지 모르니까 무슨 일이 있었냐고 묻는다. 모르고 밀었으니까 그냥 지나쳐 버린다(무시하고 만다). 좁은 복도에서 뛰는 것은 나쁜 일이지만 그럴 수도 있다고 생각한다.

단계4 : 반응평가 단계

    ; 행동 결과 평가, 전략-결과 관계 파악. 상위전략 선택,
    정서적 갈등상태

질문1 : "민수가 그렇게 하면(단계3에서 학생이 선택한 전략),
    어떻게 될까요?" (전략-결과 관계 인식)

질문2 : "민수가 다르게 하면(단계3에서 학생이 선택한 전략과 반
    대되는 전략), 어떻게 될까요?" (전략-결과 관계 인식)

질문3 : "민수가 때리는 것보다는 먼저 왜 그랬는지 물어 보는 것
    이 좋은데 민수는 왜 그냥 때릴까요?" (상위 전략 선택)

질문4 : "그냥 때리는 것보다는 먼저 왜 그랬는지 물어 보는 것이
    좋은데 민수는 왜 그냥 때릴까요?" (상위 전략 선택)

사회적 정보처리 평가

배점수준	배점기준	반응 예
1수준	전략에 따라서 결과가 다름을 모름(질문1, 2). 단계3에서 선택한 전략에 변화가 없음(질문3, 4)	(질문1, 2, 3에서 똑 같은 결과 예측) 예 좋아요. 나빠요. 똑같아요. 자기가 좋아하는 쪽으로 해요. 몰라요 생각해 보지 않았어요.
2수준	전략에 따라서 결과가 다름을 인식하지만 (질문1, 2), 전략-결과 간의 관계가 잘못됨	때려줌-사이좋게 지낼 수 있어요. 피함-다시는 그런 일이 없어요. 이유 묻기-(상대가) 때려요. 묻는 것이 좋지만, 어떻게 묻는지 몰라요. 묻는 것이 좋지만 때려 주는 것이 더 빨라요.
3수준	전략에 따라서 결과가 다름을 인식하고 전략-결과 간의 관계를 바르게 알고 있지만, 전략 사용 방법상의 문제로 낮은 전략을 고수함(질문4)	그냥 모른척하고 말래요. 그게 마음이 편해요. 지금은 참았다가 나중에 혼내 줘야 해요. 말로 하면 소용없어요. 혼내주어야 해요.
4수준	전략에 따라서 결과가 다름을 인식하고 전략-결과 간의 관계를 바르게 파악. 전략 사용 방법상의 문제를 알고 있고(질문4) 상위 전략을 선택함	먼저 물어보면 이유를 아니까 마음이 풀려요. 모르고 한 것이니까 속상해 할 필요 없어요. 그냥 나두면 금방 잊어버릴 수 있어요.

3. 연구절차

연구 대상자 선정을 위하여 본 연구의 취지와 연구에 협조 의사가 있는 교사에게 검사지를 보냈다. 학생을 잘 알고 있는 담임이 1차 평정하도록 하고 그 결과를 검토하여 연구 대상자로 선정하였다.

선정된 대상자 학부모에게 동일한 검사를 보내 2차 평정하였고 그 결과와 교사 평정과의 일치도가 85% 이상 되는 대상자를 최종 선정하였다.

각 검사는 집단별로 6명씩 18명을 선정하여 예비 검사 대상자로 선정하여 2주 정도의 간격을 두고 동일집단을 대상으로 검사-재검사를 실시하여 검사의 신뢰도를 측정하였다. 각 검사도구의 검사-재검사의 신뢰도는 $r=.80$ 이상으로 나타났다. 예비검사에서 나타난 각 검사 도구의 검사 문항상의 문제점은 검사 대상 학생의 담당 특수교사와 협의하여 이해가 어렵거나 상황에 맞는 표현으로 수정·보완하였다.

예비검사에서 별도의 대상자로 선정된 적응아, 공격아, 위축아 각 6명씩 18명을 대상으로 사회적 정보처리의 각 단계별 질문을 하고 이들이 대답한 반응을 유형과 수준별로 범주화하여 배점기준을 정하였고, 6가지 사회적 사건에 대한 채점 기준표를 작성하였다(부록 5 참조).

학생의 사회적 정보처리 능력 검사 시 검사자가 사용하는 질문, 대상자의 대답, 반응행동 등 면담시 상황을 모두 기록하였다. 채점은 면담을 한 검사자와 면담에 참여하지 않은 다른 한 명이 채점하여 점수의 일치도를 구하였고, 그 내용을 연구자가 다시 채점하여 의견이 일치하지 않을 때에는 면담 기록을 다시 보면서 재평가하고, 그래도 일치하지 않을 경우에는 대상학생의 담임교사와 전화로 학생의 평소 반응에 대해 자문을 들어 합의에 이를 때까지 토의하여 결정하였다.

면담은 연구자가 먼저 적응아 2명, 공격아 2명, 위축아 2명 등 모두 6명을 검사하였고 나머지 대상자들은 특수교사인 담임과 특수교육을 전공하는 대학교 4학년생들이 검사하였다. 검사를 실시하기 전 이들에게 6회에 걸쳐 검사와 관련된 연수를 실시하였다. 1회~3회는 사회적 정보처리 이론에 대한 내용을 이해하게 하였고, 4회~6회는 검사실시 방법에 대한 내용을 연수하였다. 검사 방법에 대한 연수는 본 연구자가 미리 실시한 검사 장면을 비디오로 촬영하였다가 보여주면서 검사대상자들이 보이는 반응 행동에 따른 질문 방법과 검사 진행시 유의점에 대하여 충분히 숙지하도록 하였다. 본 검사를 실시하기 전 연구와 관련 없는 별도의 대상자 한 명을 선정하여 사전 연습을 하도록 하였다.

면담은 학교 수업을 마치고 학생을 학교에 남게 하여 특수학급 교실에서 검사자와 일대일 면담을 진행하였고, 사회적 정보처리 각 단계가 끝날 때마다 휴식을 하였고, 면담 중이라도 학생이 지루해하면 충분히 쉬었다가 다시 진행하였다.

4. 자료분석 방법

사회적 상황에 따른 각 집단별 사회적 정보처리 특성은 세 집단 간 반응 수준의 차이를 χ^2 검증으로 분석하였다.

사회적 조정 단서에 따른 사회적 정보처리 능력의 효과를 알아보기 위해 조정과정을 거친 사회적 정보처리 능력 검사 2차 점수와 조정과정을 거치지 않은 1차 점수를 전·후 반응 수준의 교차분석을 통하여 χ^2의 유의차 검증을 실시하였다.

실행단계의 사회적 정보처리 능력과 실제 사회적 행동과의 관계를 분석하기 위하여 실행단계의 반응결과를 분석하였고, 이 결과를 사회적 정보처리의 반응접근 단계의 반응점수와 전·후 비교하여 전체집단과 개별집단의 χ^2의 유의차 검증을 하였다.

모든 통계처리 도구는 SPSS 8.0을 이용하였으며, 유의차는 $P < .05$ 수준에서 검증하였다.

Ⅳ. 연구 결과 및 해석

사회적 상황에 따른 사회적 정보처리와 조정 단서의 활용이 사회적 정보처리 능력에 미치는 영향에 관한 연구 결과는 다음과 같다.

1. 사회적 상황에 따른 사회적 정보처리 능력

본 연구의 가설은 사회적 상황에 따른 적응·공격·위축아 집단 간의 사회적 정보처리 능력의 차이를 알아보는 것이었다. 사회적 상황의 문제해결과제로 적대적 상황, 애매한 상황, 호의적 상황으로 선정하였고, 대상 집단이 각각의 상황에 반응한 점수로 분석하였다.

1) 부호화 단계

부호화 단계에서는 정신지체학생들이 사회적 상황을 인식하는 능력을 알아보기 위한 것이다 이를 위해 각 집단이 부호화 단계에서 반응한 수준별(1수준: 막연한 내용, 2수준: 부분적 내용, 3수준: 전반적 내용, 4수준: 핵심내용) 점수를 χ^2 검증으로 분석한 결과는 다음 〈표 2〉, 〈표 3〉, 〈표 4〉와 같다.

<표 2>　부호화 단계의 집단별 사회적 정보처리 능력(적대적 상황)

집 단 ＼ 수 준	1수준	2수준	3수준	4수준	계
적응아		2(5.6)	5(13.9)	5(13.9)	12(33.3)
공격아		1(2.8)	8(22.2)	3(8.3)	12(33.3)
위축아	1(2.8)	5(13.9)	2(5.6)	4(1.1)	12(33.3)
계	1(2.8)	8(22.2)	15(41.1)	12(33.3)	36(100)

* 반응빈도(백분율)　　χ^2=9.35, df=6, P>.05

이 표에서 볼 수 있는 바와 같이, 부호화 단계의 적대적 상황에서 집단 간의 유의미한 차이가 나타나지 않았다(P>.05). 상황에 대하여 핵심내용(4수준)을 제시한 대상자가 적대적 상황에서 33.3%에 해당되지만 나머지는 대부분 상황의 맥락을 정확하게 파악하지 못하는 막연한 내용(2.8%), 부분적인 내용(22.2%), 전반적인 내용(41.1%)으로 상황을 부호화 하였다.

<표 3>　부호화 단계의 집단별 사회적 정보처리 능력(애매한 상황)

집 단 ＼ 수 준	1수준	2수준	3수준	4수준	계
적응아		5(13.9)	2(5.6)	5(13.9)	12(33.3)
공격아		2(5.6)	3(8.3)	7(19.4)	12(33.3)
위축아	1(2.8)	4(11.1)	2(5.6)	5(13.9)	12(33.3)
계	1(2.8)	11(30.6)	7(19.4)	17(47.2)	36(100)

χ^2=4.03, df=6, P>.05

　이 표에서 볼 수 있는 바와 같이, 부호화 단계의 애매한 상황에서 집단 간 유의미한 차이가 나타나지 않았다(P>.05). 사회적 상황에 대하여 핵심내용을 제시한 대상자가 애매한 상황에서 47.2%에 해당되었고, 나머지는 대부분 상황의 맥락을 정확하게 파악하지 못하는 막연한 내용(2.8%), 부분적인 내용(30.6%), 전반적인 내용(19.4)으로 상황을 부호화 하였다.

〈표 4〉　부호화 단계의 집단별 사회적 정보처리 능력(호의적 상황)

집 단 ＼ 수 준	1수준	2수준	3수준	4수준	계
적응아		2(5.6)	6(16.7)	4(11.1)	12(33.3)
공격아			6(16.7)	6(16.7)	12(33.3)
위축아	1(2.8)	4(11.1)	3(8.3)	4(11.1)	12(33.3)
계	1(2.8)	6(16.7)	15(41.7)	14(38.9)	36(100)

χ^2=7.77, df=6, P>.05

　이 표에서 볼 수 있는 바와 같이, 부호화 단계의 호의적 상황에서도 집단 간 유의미한 차이가 나타나지 않았다(P>.05). 사회적 상황에 대하여 핵심내용을 제시한 대상자는 38.9%에 해당되었고, 상황의 맥락을 정확하게 파악하지 못하는 막연한 내용은 2.8%, 부분적인 내용은 16.7%, 전반적인 내용은 41.7%였다.

　따라서 정신지체학생들은 집단 간(적응아, 공격아, 위축아)에 큰 차이가 없었기 때문에 세 집단 모두 제시한 사회적 상황을 이해하는 데 어려움을 보였다. 세 가지 사회적 상황에 나타난 것처럼 핵심적 내용을 제시한 경우도 33.3% 이상인 점을 고려하면 정신지체학생들이라고 하더라도 사회적 상황을 정확히 파악할 수 있는 가능성을 보였다.

2) 해석 단계

해석 단계에서는 부호화 단계에서 인식한 정보를 자기 나름대로 걸러서 이것을 개별화하는 과정이다. 이를 해석 단계에서 분석하기 위해 각 집단이 반응한 수준(1수준: 직감적 진술, 2수준; 일방적 해석, 3수준: 의도적 해석, 4수준: 객관적 해석)을 χ^2 검증으로 분석한 결과는 다음 〈표 5〉, 〈표 6〉, 〈표 7〉과 같다.

〈표 5〉 해석 단계의 집단별 사회적 정보처리 능력(적대적 상황)

수준 집단	1수준	2수준	3수준	4수준	계
적응아		5(13.9)	5(13.9)	2(5.6)	12(33.3)
공격아	2(5.6)	8(22.2)	2(5.6)		12(33.3)
위축아	1(2.8)	9(25.0)	2(5.6)		12(33.3)
계	3(8.3)	22(61.1)	9(25.0)	2(5.6)	36(100)

$\chi^2=9.18$, df=6, P>.05

〈표 5〉에서 볼 수 있는 바와 같이 사회적 상황에 따른 집단 간 사

회적 정보처리 수준에서 유의미한 차이가 나타나지 않았다(P>.05).
적응아가 상황을 4수준으로 해석한 2%를 제외한 대부분은 2수준
(61.1%)과 3수준(25%)에 반응하였다.

〈표 6〉 해석 단계의 집단별 사회적 정보처리 능력(애매한 상황)

집 단 \ 수 준	1수준	2수준	3수준	4수준	계
적응아	1(2.8)	5(13.9)	4(11.1)	2(5.6)	12(33.3)
공격아	2(5.6)	7(19.4)	3(25.0)		12(33.3)
위축아	4(11.1)	8(22.2)			12(33.3)
계	7(19.4)	20(55.6)	7(19.4)	2(5.6)	36(100)

χ^2=10.41, df=6, P>.05

위 〈표 6〉에서 볼 수 있는 바와 같이 사회적 상황에 따른 집단
간 사회적 정보처리 수준에서 유의미한 차이가 나타나지 않았다
(P>.05). 대부분이 1수준과(19.4%) 2수준(55.6%)에 반응한 것으로
나타났다.

<표 7> 해석 단계의 집단별 사회적 정보처리 능력(호의적 상황)

집 단 \ 수 준	1수준	2수준	3수준	4수준	계
적응아	1(2.8)	3(8.3)	5(8.3)	3(8.3)	12(33.3)
공격아	1(2.8)	3(8.3)	7(19.4)	1(2.8)	12(33.3)
위축아	1(2.8)	7(19.4)	1(2.8)	3(8.3)	12(33.3)
계	3(8.3)	13(36.1)	13(36.1)	7(19.4)	36(100)

$\chi^2=7.91$, df=6, P>.05

위 <표 7>에서 볼 수 있는 바와 같이 사회적 상황에 따른 집단 간 사회적 정보처리 수준에서 유의미한 차이가 나타나지 않았다 (P>.05). 4수준(19.4%) 일부를 제외하고 2수준(36.1%)과 3수준 (36.1%)에 많은 반응을 한 것으로 나타났다.

이와 같은 결과를 앞서<표 2>, <표 3>, <표 4>의 부호화 단계의 반응과 비교해 보면, 정신지체학생들은 부호화 단계에서보다 상황 을 이해하는 수준이 부정적인, 1수준(직감적 해석)과 2수준(일방 적 해석)으로 이동한 것을 볼 수 있다. 이것은 정신지체학생들이 부호화 단계에서 사회적 상황을 파악하고 있지만, 이에 따른 해석 과정의 정보처리 능력은 긍정적이지 않는 것으로 이해할 수 있다.

3) 반응접근 단계

반응접근 단계는 직면한 상황에 대하여 여러 가지 전략을 제시하는 과정이다. 사회적 적응집단이 반응접근 단계에서의 상황에 따른 수준별(1수준: 전략 선택 이유 없음, 2수준: 일방적 전략, 3수준: 자기선호 전략, 4수준: 적절한 전략) 반응의 χ^2 검증 결과는 〈표 8〉, 〈표 9〉, 〈표 10〉와 같다.

〈표 8〉 반응접근 단계의 집단별 사회적 정보처리 능력(적대적 상황)

집 단 \ 수 준	1수준	2수준	3수준	4수준	계
적응아		4(11.1)	4(11.1)	4(11.1)	12(33.3)
공격아	2(5.6)	9(25.0)	1(2.8)		12(33.3)
위축아	3(8.3)	5(13.9)	3(8.3)	1(2.8)	12(33.3)
계	5(13.9)	18(50.0)	8(22.2)	5(13.9)	36(100)

$\chi^2=12.08$, df=6, P〉.05

〈표 8〉에서 볼 수 있는 바와 같이 상황에 따른 집단 간 사회적 정보처리 수준에서 유의미한 차이가 나타나지 않았다(P〉.05). 세 집단은 주로 2수준(50%)과 3수준(22.2%)에 반응하였다.

<표 9>　반응접근 단계의 집단별 사회적 정보처리 능력(애매한 상황)

수 준 집 단	1수준	2수준	3수준	4수준	계
적응아		3(8.3)	4(11.1)	5(13.9)	12(33.3)
공격아		7(19.4)	3(8.3)	2(5.6)	12(33.3)
위축아	3(8.3)	5(13.9)	1(2.8)	3(8.3)	12(33.3)
계	3(8.3)	15(41.7)	8(22.2)	10(27.8)	36(100)

$\chi^2=10.75$, df=6, P>.05

위 <표 9>와 같이 집단 간 사회적 정보처리 수준에서 유의미한 차이가 나타나지 않았다(P>.05). 공격아와 위축아는 주로 2수준과 3수준을 선호하는 전략에 반응한 것에 비해 적응아는 4수준(적절한 전략)의 높은 전략도 사용한 것으로 나타났다(13.9%).

<표 10>　반응접근 단계의 집단별 사회적 정보처리 능력(호의적 상황)

수 준 집 단	1수준	2수준	3수준	4수준	계
적응아	1(2.8)	2(5.6)	5(13.9)	4(11.1)	12(33.3)
공격아		6(16.7)	3(8.3)	3(8.3)	12(33.3)
위축아	1(2.8)	4(11.1)	2(5.6)	5(13.9)	12(33.3)
계	2(5.6)	12(33.3)	10(27.8)	12(33.3)	36(100)

$\chi^2=4.90$, df=6, P>.05

〈표 10〉에서 볼 수 있는 바와 같이 사회적 상황에 따른 집단 간 사회적 정보처리 수준에서 유의미한 차이가 나타나지 않았다 (P〉0.5). 세 집단은 1수준과 2수준에 61.1%의 반응을 보였다. 그러나 적응아(11.1%)와 위축아(13.9%)는 각 상황에 따라 4수준의 높은 전략도 사용하였다.

따라서 정신지체학생들의 낮은 수준의 일방적 전략과 자기가 선호하는 전략을 주로 사용하지만 일부(33.3%)는 상황에 적절한 전략을 사용하는 능력이 있는 것으로 나타났다.

5) 반응평가 단계

반응평가는 자신이 제시한 전략에 대한 결과를 예상하고 평가하는 단계이다. 정신지체학생들의 반응평가능력을 분석하기 위해 각 집단별로 반응평가 단계에서 수준별(1수준: 전략변화 없음, 2수준: 전략-결과 관계 모름, 3수준: 전략-결과 관계 인식 낮음, 4수준: 전략-결과 관계 바르게 파악) 반응을 χ^2 검증으로 분석한 결과는 다음 〈표 11〉, 〈표 12〉, 〈표 13〉과 같다.

<표 11> 반응평가 단계의 집단별 사회적 정보처리 능력(적대적 상황)

집 단 \ 수 준	1수준	2수준	3수준	4수준	계
적응아	1(2.8)	2(5.6)	7(19.4)	2(5.6)	12(33.3)
공격아	3(8.3)	4(11.1)	5(13.9)		12(33.3)
위축아	5(13.9)	4(11.1)	3(8.3)		12(33.3)
계	9(25.0)	10(27.8)	15(41.7)	2(5.6)	36(100)

$\chi^2=9.07$, df=6, P>.05

<표 11>에서 볼 수 있는 바와 같이 집단 간 사회적 정보처리 수준에서 유의미한 차이가 나타나지 않았다(P>.05). 적응아, 공격아, 위축아들은 주로 1수준(25%), 2수준(27.8%), 3수준(41.7%)에 반응하였다.

<표 12> 반응평가 단계의 집단별 사회적 정보처리 능력(애매한 상황)

집 단 \ 수 준	1수준	2수준	3수준	4수준	계
적응아		2(5.6)	2(5.6)	8(22.2)	12(33.3)
공격아	3(8.3)	1(2.8)	5(13.9)	3(8.3)	12(33.3)
위축아	5(13.9)	4(11.1)	2(5.6)	1(2.8)	12(33.3)
계	8(22.2)	7(19.4)	9(25.0)	12(33.3)	36(100)

$\chi^2=15.25$, df=6, P<.05

위 〈표 12〉에서 볼 수 있는 바와 같이 사회적 적응 집단 간 유의미한 차이가 나타났다(P<.05). 적응아는 전략과 결과 간의 관계를 바르게 파악하는 4수준(22.2%)의 높은 반응평가를 하였지만, 공격아와 위축아는 전략과 결과 간의 관계 인식이 낮은 주로 1수준(22.2%), 2수준(13.9%), 3수준(19.5%)에 반응한 것으로 나타났다.

〈표 13〉 반응평가 단계의 집단별 사회적 정보처리 능력(호의적 상황)

수 준 집 단	1수준	2수준	3수준	4수준	계
적응아	1(2.8)	2(5.6)	5(13.9)	4(11.1)	12(33.3)
공격아	2(5.6)	2(5.6)	2(5.6)	6(16.7)	12(33.3)
위축아	3(8.3)	4(11.1)	3(8.3)	2(5.6)	12(33.3)
계	6(16.7)	8(22.2)	10(27.8)	12(33.3)	36(100)

$\chi^2=5.40$, df=6, P>.05

〈표 13〉에서 볼 수 있는 바와 같이 호의적 상황에서는 사회적 적응 집단 유의미한 차이가 나타나지 않았다(P>.05). 호의적 상황에서 세 집단 모두 비슷한 수준의 반응을 보였지만, 공격아가 적응아와 같이 4수준에 16.7% 반응한 것은 것으로 나타났다.

따라서 정신지체학생들은 적대적 상황과 호의적 상황에서 대부분 자신이 제시한 전략의 결과를 예측하고 평가하는 수준이 낮다고 볼 수 있다. 애매한 상황에서 적응집단이 반응평가 수준이 높다는 것은 상대적으로 공격아나 위축아가 애매한 상황에서 상대의 의도를 정확하게 파악하지 못하고 전략을 평가한 것으로 볼 수 있다. 그리고 호의적 상황에서 공격아의 반응평가 수준이 높은 경향을 보이는 것은 적대적 상황이나 애매한 상황보다 호의적 상황에서 이들이 전략평가를 잘하는 것으로 해석할 수 있다.

6) 실행단계

실행단계는 아동이 선정한 반응을 행동으로 이행하는 과정이다. 다음 〈표 14〉의 실행단계에서는 학생이 교실에서 실제 갈등상황을 해결하는 행동을 교사가 직접 관찰한 수준별(1수준: 반사적 반응, 2수준: 일방적 반응, 3수준: 자신의 선호전략, 4수준: 상황에 적절한 전략)점수를 분석하였다.

정신지체학생의 사회적 정보처리 능력과 실제 행동과의 차이를 알아보기 위해 〈표 8〉의 반응접근 단계와 〈표 14〉 실행단계의 점수를 비교 분석하였다. 그 결과는 다음 〈표 15〉와 같다.

〈표 14〉 실행단계의 집단별 사회적 정보처리 능력(실제 상황)

집 단 　　　수 준	1수준	2수준	3수준	4수준	계
적응아		3(8.3)	2(5.6)	7(19.4)	12(33.3)
공격아		5(13.9)	5(13.9)	2(5.6)	12(33.3)
위축아	1(2.8)	7(19.4)	3(8.3)	1(2.8)	12(33.3)
계	1(2.8)	15(41.7)	10(27.8)	10(27.8)	36(100)

χ^2=11.20 df=6, P〉.05

〈표 14〉에서 볼 수 있는 바와 같이 실행단계에서 집단 간 유의미한 차이가 나타나지 않았다(P〉0.5). 적응집단이 다른 두 집단에 비해 4수준(19.4%)에 많이 반응한 반면, 공격집단과 위축집단은 주로 2수준과 3수준에 반응한 것으로 나타났다.

〈표 15〉 반응접근 단계와 실행단계의 집단별 비교 분석 결과

대 상	수 준	1수준	2수준	3수준	4수준	
적응아	반응접근 (전)		4	4	4	χ^2=1.63, df=2, P〉0.5
	실 행 (후)		3	2	7	
공격아	반응접근 (전)	2	9	1		χ^2=7.81, df=3, P〈0.5
	실 행 (후)		5	5	2	
위축아	반응접근 (전)	3	5	3	1	χ^2=1.33, df=3, P〉0.5
	실 행 (후)	1	7	3	1	
전 체	반응접근 (전)	5	18	8	5	χ^2=4.82, df=3, P〉0.5
	실 행 (후)	1	15	10	10	

〈표 15〉에 나타난 결과를 보면, 전체적으로 정신지체학생 세 집단들은 반응접근단계와 실제 실행단계에서 반응에 유의미한 차이를 보이지 않았다(P〉.05). 그러나 공격집단이 반응접근단계에서의 처리와 실제 행동과의 처리에서 반응에 유의미한 차이를 보였다(P〈.05). 반응빈도에서 보면 반응접근에서보다 실행단계에서 더 긍정적인 전략을 사용한 것으로 나타났다.

따라서 정신지체학생들은 잠재적인 사회적 정보처리 특성과 사회적 상황에서의 실제 사회적 행동과 비슷한 특성을 보이지만 공

격적인 정신지체학생은 사회적 정보처리에서보다 실제 행동이 덜 공격적이라고 해석할 수 있다.

2. 사회적 조정 단서에 따른 사회적 정보처리 능력

가설 2에서는 사회적 조정 단서 사용이 정신지체학생들의 사회적 정보처리 능력에 미치는 영향을 알아보는 것이었다. 이를 위해 각 학생의 반응을 듣고 바로 상황을 이해시키는 조정 단서를 제시한 뒤의 반응결과를 분석하였다. 분석은 조정과정을 거친 2차 사회적 정보처리 반응과 조정과정 없이 검사한 1차 사회적 정보처리 반응을 전·후 반응빈도를 교차분석 하였다.

1) 부호화 단계

부호화 단계에서 사회적 상황에 따라 사회적 조정 단서의 사용이 사회적 정보처리 수준(1수준: 막연한 내용, 2수준: 부분적 내용, 3수준: 전반적 내용, 4수준: 핵심내용)에 미치는 효과를 알아본 결과는 〈표 16〉, 〈표 17〉, 〈표 18〉과 같다.

〈표 16〉 사회적 조정 단서에 따른 부호화 단계의 집단별 결과
       (적대적 상황)

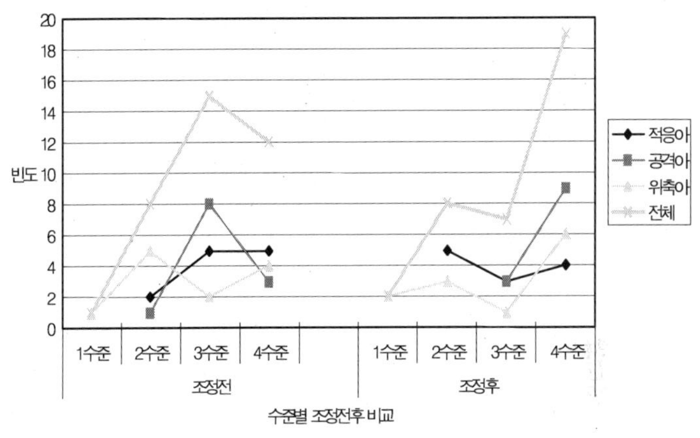

대 상	수 준	1수준	2수준	3수준	4수준	
적응아	조정 전		2	5	5	χ^2=1.90, df=2, P>0.5
	조정 후		5	3	4	
공격아	조정 전		1	8	3	χ^2=6.43, df=2, P<0.5
	조정 후			3	9	
위축아	조정 전	1	5	2	4	χ^2=1.57, df=3, P>0.5
	조정 후	2	3	1	6	
전 체	조정 전	1	8	15	12	χ^2=4.82, df=3, P>0.5
	조정 후	2	8	7	19	

　　〈표 16〉에서 볼 수 있는 바와 같이 적대상황의 집단의 전체 반
응에서는 유의미한 차이가 나타나지 않았지만(P>.05), 공격아는 조
정 전·후에 반응 수준에 유의미한 차이가 나타났다(P<.05). 그러
나 적응아와 위축아는 사회적 상황 모두에서 조정 전·후 반응 수

준에 유의미한 차이가 나타나지 않았다(P〉.05). 그러나 위축아의 경우 통계적으로 유의미한 차이를 보이지는 않았지만 조정 전의 낮은 수준이 조정 이후에는 4수준(핵심적 내용)으로 이동하는 경향을 보였다.

〈표 17〉 사회적 조정에 따른 부호화 단계의 집단별 결과
(애매한 상황)

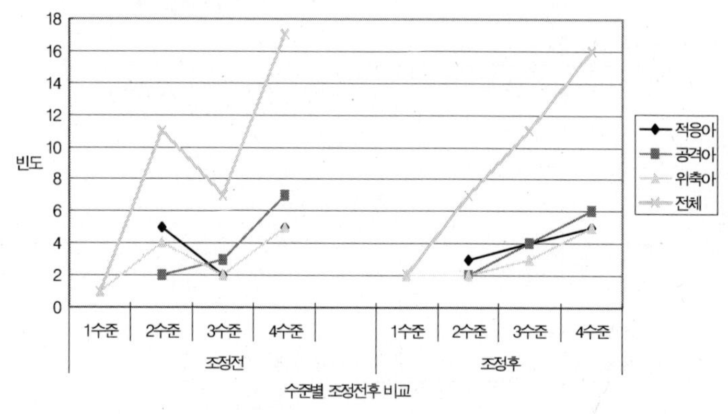

대 상	수 준	1수준	2수준	3수준	4수준	
적응아	조정 전		5	2	5	$\chi^2=1.17$, df$=2$, P$〉0.5$
	조정 후		3	4	5	
공격아	조정 전		2	3	7	$\chi^2=0.22$, df$=2$, P$〉0.5$
	조정 후		2	4	6	
위축아	조정 전	1	4	2	5	$\chi^2=1.22$, df$=3$, P$〉0.5$
	조정 후	2	2	3	5	
전체	조정 전	1	11	7	17	$\chi^2=2.14$, df$=3$, P$〉0.5$
	조정 후	2	7	11	16	

위 〈표 17〉의 애매한 상황에서 정신지체학생의 전체 반응에서는 조정 전·후의 반응 수준에 유의미한 차이가 나타나지 않았다 (P〉.05). 그리고 적응아, 공격아 위축아의 각 집단별 조정 전·후 반응 수준에서도 유의미한 차이가 나타나지 않았다(P〉.05).

〈표 18〉 사회적 조정 단서에 따른 부호화 단계의 집단별 결과
          (호의적 상황)

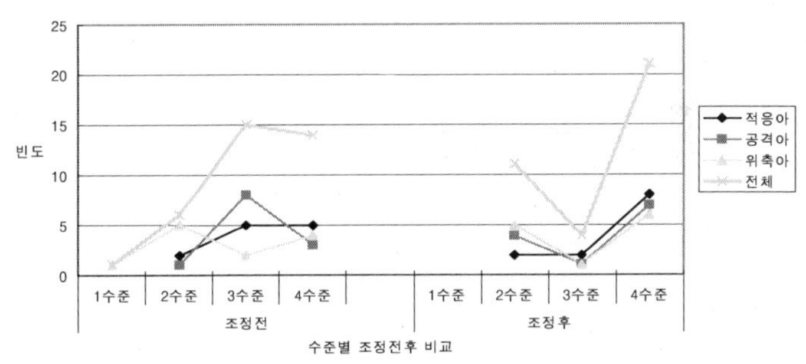

대 상	수 준	1수준	2수준	3수준	4수준	
적응아	조정 전		2	5	5	χ^2=3.33, df=2, P〉0.5
	조정 후		2	2	8	
공격아	조정 전		1	8	3	χ^2=7.65, df=2, P〈0.5
	조정 후		4	1	7	
위축아	조정 전	1	5	2	4	χ^2=2.51, df=3, P〉0.5
	조정 후		5	1	6	
전 체	조정 전	1	6	15	14	χ^2=10.24, df=3, P〈0.5
	조정 후		11	4	21	

〈표 18〉에서 알 수 있는 바와 같이 전체적인 반응에서 조정

전·후에 반응 수준에 유의미한 차이가 나타났다(P⟨.05). 그리고 공격아의 경우도 조정 전·후에 유의미한 변화를 보였다(P⟨.05). 그러나 적응아와 위축아는 사회적 상황 모두에서 조정 전·후 반응 수준에 유의미한 차이가 나타나지 않았다(P⟩.05).

따라서 전체적으로 정신지체학생들은 호의적 상황에서 사회적 조정 단서에 영향을 받았다. 그리고 적응집단과 위축집단에서 약간의 차이는 있지만 변화의 경향성을 나타냈다. 특히 개별 집단별로 보면 공격집단에서만 조정 효과가 있었다는 것은 다른 집단에 비해 공격집단 사회적 상황에 적절한 조정 단서를 제공하면 사회적 정보처리의 부호화를 더 정확하게 할 수 있다는 가능성을 나타낸 것이라고 볼 수 있다.

2) 해석 단계

해석 단계에서는 사회적 상황에 따라 사회적 조정 단서의 사용이 사회적 정보처리 수준(1수준: 직감적 진술, 2수준: 일방적 해석, 3수준: 의도적 해석, 4수준: 객관적 해석)에 미치는 효과를 분석한 것이다. 결과는 다음 〈표 19〉, 〈표 20〉, 〈표 21〉과 같다.

<표 19> 사회적 조정 단서에 따른 해석 단계의 집단별 처리 결과
(적대적 상황)

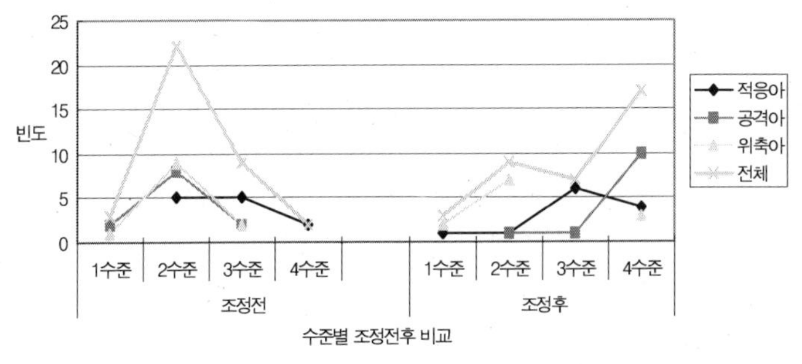

대 상	수 준	1수준	2수준	3수준	4수준	
적응아	조정 전		5	5	2	χ^2=4.42, df=3, P>.05
	조정 후	1	1	6	4	
공격아	조정 전	2	8	2		χ^2=17.79, df=3, P<.05
	조정 후		1	1	10	
위축아	조정 전	1	9	2		χ^2=5.58, df=3, P>.05
	조정 후	2	7		3	
전 체	조정 전	3	22	9	2	χ^2=17.54, df=3, P<.05
	조정 후	3	9	7	17	

　<표 19>에서 알 수 있는 바와 같이 전체적인 반응에서 조정 전·후 반응 수준에서 유의미한 차이가 나타났다(P<.05). 그리고 공격아의 경우도 조정 전·후에 유의미한 차이가 나타났다(P<.05). 그러나 적응아와 위축아는 사회적 상황 모두에서 조정 전·후 반응 수준에서 유의미한 차이가 나타나지 않았다(P>.05).

<표 20>　사회적 조정 단서에 따른 해석 단계의 집단별 처리 결과
　　　　　　（애매한 상황）

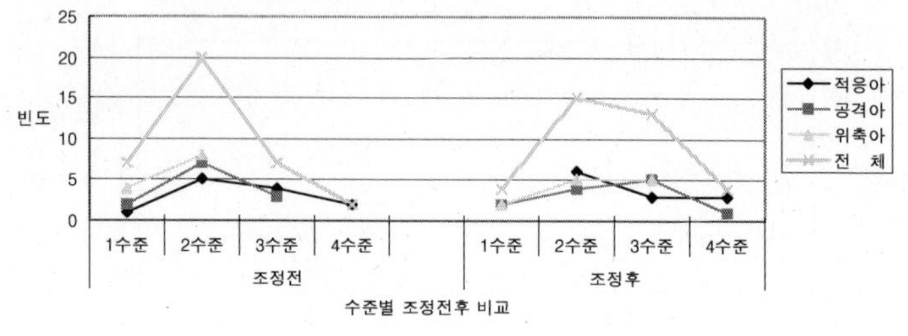

대 상	수 준	1수준	2수준	3수준	4수준	
적응아	조정 전	1	5	4	2	χ^2=1.43, df=3, P>.05
	조정 후		6	3	3	
공격아	조정 전	2	7	3		χ^2=2.32, df=3, P>.05
	조정 후	2	4	5	1	
위축아	조정 전	4	8			χ^2=6.36, df=2, P<.05
	조정 후	2	5	5		
전　체	조정 전	7	20	7	2	χ^2=4.00, df=3, P>.05
	조정 후	4	15	13	4	

위 표에서 알 수 있는 바와 같이 전체적인 반응에서 조정 전·
후에 반응 수준에 유의미한 차이가 없었지만(P>.05), 집단별 전·
후 비교에서 위축집단이 유의미한 차이를 보였다(P<.05). 그리고
공격아의 경우도 조정 전·후에 유의미한 차이를 보이지 않았지만,
조정 이후에는 반응의 변화 경향성을 나타낸 것을 알 수 있다.

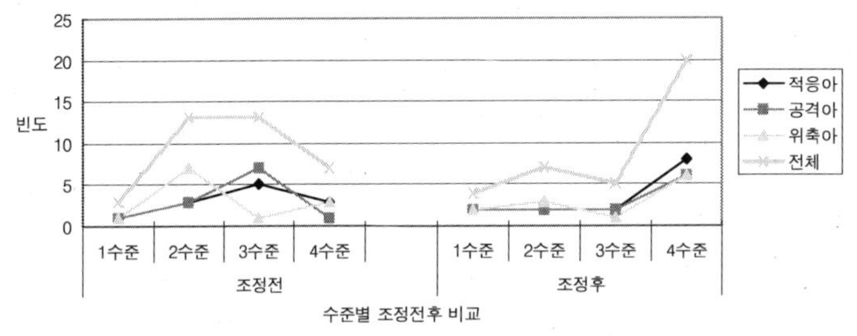

대 상	수 준	1수준	2수준	3수준	4수준	
적응아	조정 전	1	3	5	3	χ^2=4.76, df=3, P>.05
	조정 후		2	2	8	
공격아	조정 전	1	3	7	1	χ^2=6.88, df=3, P>.05
	조정 후	2	2	2	6	
위축아	조정 전	1	7	1	3	χ^2=2.93, df=3, P>.05
	조정 후	2	3	1	6	
전 체	조정 전	3	13	13	7	χ^2=11.76, df=3, P<.05
	조정 후	4	7	5	20	

이 표에서 볼 수 있는 바와 같이 정신지체학생 전체의 반응분석 결과에서는 조정 전·전후에 유의미한 차이가 나타났다(P<.05). 그러나 개별 집단별 조정 전·후 반응 수준에 유의미한 차이가 나타나지 않았다(P>.05). 그리고 세 집단 모두 호의적 상황에서는 조정 전·후에 반응점수 간 유의미한 차이가 없었지만, 조정 전의 낮은 수준의 반응이 조정 이후 3수준(전반적 내용)과 4수준(핵심적 내용)으로 긍정적으로 이동하는 경향성을 보였다.

따라서 해석 단계에서 정신지체학생들은 사회적 상황에 따라 상황을 이해할 수 있는 적절한 사회적 조정 단서를 제시함으로써 사회적 정보처리의 해석을 긍정적으로 할 수 있다는 가능성을 나타냈다고 할 수 있다.

3) 반응접근 단계

반응접근 단계에서는 사회적 상황에 따라 사회적 조정 단서의 사용이 사회적 정보처리 수준(1수준: 전략 선택 이유 없음, 2수준: 일방적 전략, 3수준: 자기선호 전략, 4수준: 적절한 전략)에 미치는 효과를 분석하였다. 그 결과는 다음 〈표 22〉, 〈표 23〉, 〈표 24〉와 같다.

<표 22> 사회적 조정 단서에 따른 반응접근 단계의 집단별 처리결과
     (적대적 상황)

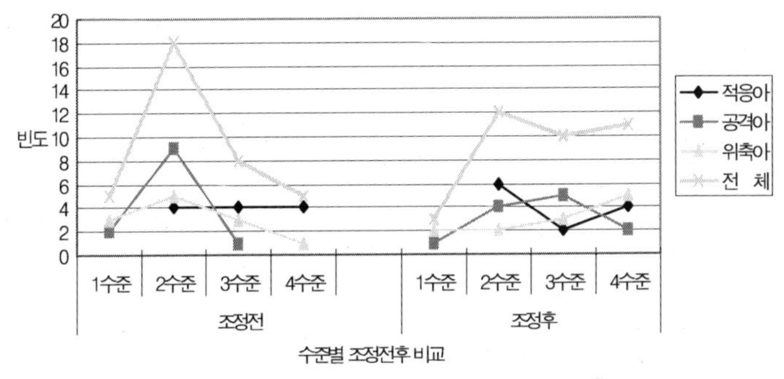

대 상	수 준	1수준	2수준	3수준	4수준	
적응아	조정 전		4	4	4	χ^2=1.07, df=2, P>.05
	조정 후		6	2	4	
공격아	조정 전	2	9	1		χ^2=6.92, df=3, P>.05
	조정 후	1	4	5	2	
위축아	조정 전	3	5	3	1	χ^2=4.15, df=3, P>0.5
	조정 후	2	2	3	5	
전체	조정 전	5	18	8	5	χ^2=4.17, df=3, P>.05
	조정 후	3	12	10	11	

<표 22>의 적대상황에서 볼 수 있는 바와 같이 전체적인 조정 단서의 전·후 반응에서뿐만 아니라 각 집단별로도 조정 단서의 사용에 따른 전·후 반응 수준 비교에서 유의미한 차이가 나타나지 않았다(P>.05). 그러나 공격아와 위축아의 경우 적대적 상황에서 통계적으로 유의미한 차이는 없었지만 1, 2수준에서 3, 4수준으로 반응전략이 향상되는 경향을 보였다.

<표 23> 사회적 조정에 따른 반응접근 단계의 집단별 처리결과
         (애매한 상황)

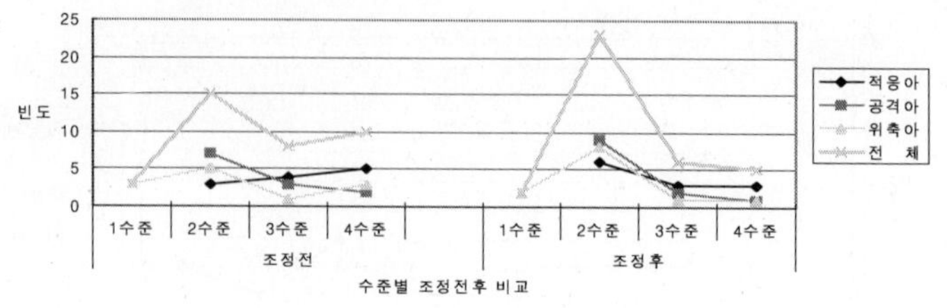

대 상	수 준	1수준	2수준	3수준	4수준	
적응아	조정 전		3	4	5	χ^2=1.64, df=2, P>.05
	조정 후		6	3	3	
공격아	조정 전		7	3	2	χ^2=0.78, df=2, P>.05
	조정 후		9	2	1	
위축아	조정 전	3	5	1	3	χ^2=1.89, df=3, P>.05
	조정 후	2	8	1	1	
전 체	조정 전	3	15	8	10	χ^2=3.84, df=3, P>.05
	조정 후	2	23	6	5	

　<표 23>에서 볼 수 있는 바와 같이 정신지체학생들은 전체 조정 단서의 전·후 반응 수준의 비교에서뿐만 아니라 각 세 집단 모두의 사회적 조정 단서 사용에 따른 전·후 반응 수준 비교에서 유의미한 차이가 나타나지 않았다(P>.05).

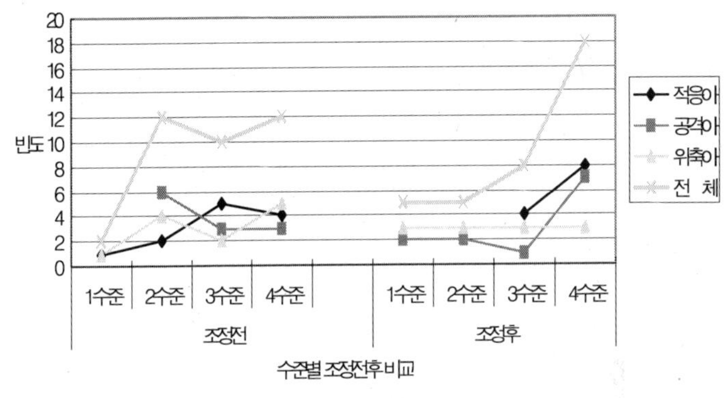

대 상	수 준	1수준	2수준	3수준	4수준	
적응아	조정 전	1	2	5	4	$\chi^2=4.44$, df=3, P>.05
	조정 후			4	8	
공격아	조정 전		6	3	3	$\chi^2=6.60$, df=3, P>.05
	조정 후	2	2	1	7	
위축아	조정 전	1	4	2	5	$\chi^2=1.84$, df=3, P>.05
	조정 후	3	3	3	3	
전 체	조정 전	2	12	10	12	$\chi^2=5.59$, df=3, P>.05
	조정 후	5	5	8	18	

　〈표 24〉와 같이 전체적인 조정 단서의 전·후 반응 수준에서뿐만 아니라 각 집단별 조정 단서의 사용에 따른 전·후 반응 수준의 비교에서도 유의미한 차이가 나타나지 않았다(P>.05). 그러나 공격아의 경우 통계적으로 유의미한 차이는 없었지만 2수준의 일방적 전략에서 4수준의 적절한 전략으로 반응이 향상되는 경향을

보였다.

이와 같은 결과에 비추어 공격아가 조정 단서에 따른 반응에서의 변화를 보이는 경향이 있었지만, 전체적으로 정신지체학생들은 사회적 정보처리의 다른 단계에 비해 반응접근 단계에서는 조정 단서의 효과가 크지 않은 것으로 해석할 수 있다.

4) 반응평가 단계

반응평가 단계에서는 사회적 상황에 따라 사회적 조정 단서의 사용이 사회적 정보처리 수준(1수준: 전략 선택 변화 없음, 2수준: 전략-결과 관계 모름, 3수준: 전략-결과 관계 인식 낮은 전략, 4수준: 전략-결과 관계 바른 파악)에 미치는 효과를 분석하였다. 결과는 〈표 25〉, 〈표 26〉, 〈표 27〉과 같다.

〈표 25〉 사회적 조정 단서에 따른 반응평가단계의 집단별 처리결과
　　　　　 (적대적 상황)

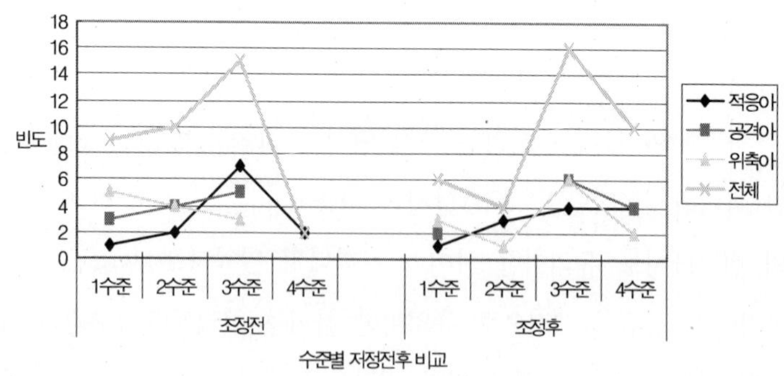

대상	수준	1수준	2수준	3수준	4수준	
적응아	조정 전	1	2	7	2	$\chi^2=1.69$, df$=3$, P$\rangle$.05
	조정 후	1	3	4	4	
공격아	조정 전	3	4	5		$\chi^2=8.29$, df$=3$, P$\langle$.05
	조정 후	2		6	4	
위축아	조정 전	5	4	3		$\chi^2=5.30$, df$=3$, P$\rangle$.05
	조정 후	3	1	6	2	
전 체	조정 전	9	10	15	2	$\chi^2=8.54$, df$=3$, P$\langle$.05
	조정 후	6	4	16	10	

위 〈표 25〉에서 볼 수 있는 바와 같이 전체적 반응에서 정신지체학생들은 반응평가 단계의 적대적 상황에서 조정 단서에 사용전·후에 유의미한 차이가 나타났다. 그리고 세 집단 간 분석에서도 공격아가 조정 단서에 따른 반응평가 수준에서 유의미한 차이가 있는 것으로 나타났다(P〈.05). 그러나 적응아와 위축아는 조정단서의 사용에 따른 전·후 반응 수준 비교에서 유의미한 차이가나타나지 않았다(P〉.05).

<표 26> 사회적 조정에 따른 반응평가단계의 집단별 처리결과
         (애매한 상황)

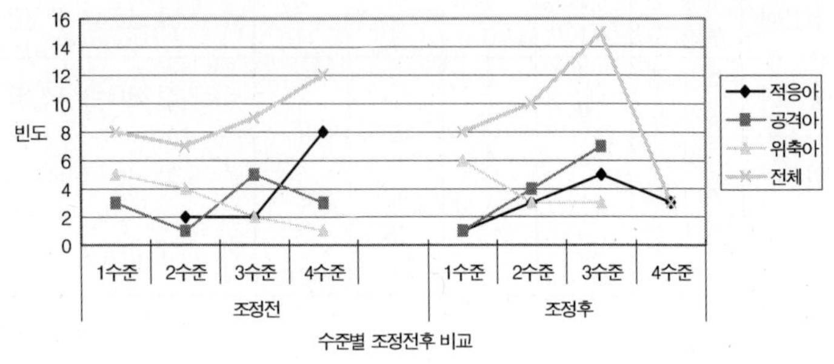

대 상	수 준	1수준	2수준	3수준	4수준	
적응아	조정 전		2	2	8	$\chi^2=4.76$, df=3, P>.05
	조정 후	1	3	5	3	
공격아	조정 전	3	1	5	3	$\chi^2=6.13$, df=3, P>.05
	조정 후	1	4	7		
위축아	조정 전	5	4	2	1	$\chi^2=1.43$, df=3, P>.05
	조정 후	6	3	3		
전체	조정 전	8	7	9	12	$\chi^2=4.82$, df=3, P>.05
	조정 후	8	10	15	3	

위 <표 26>에서와 같이 애매한 상황에서 반응 수준 결과를 보면, 전체 정신지체학생들은 조정 단서에 따른 반응평가 수준에서 유의미한 차이가 나타나지 않았다(P>.05). 그리고 공격아와 위축아 집단이 약간의 반응 변화의 경향성을 보이기도 하였지만, 세 집단 모두 사회적 조정 단서의 사용에 따른 전·후 반응 수준 비교에서 유의미한 차이가 나타나지 않았다(P>.05).

<표 27> 사회적 조정에 따른 반응평가단계의 집단별 처리결과
(호의적 상황)

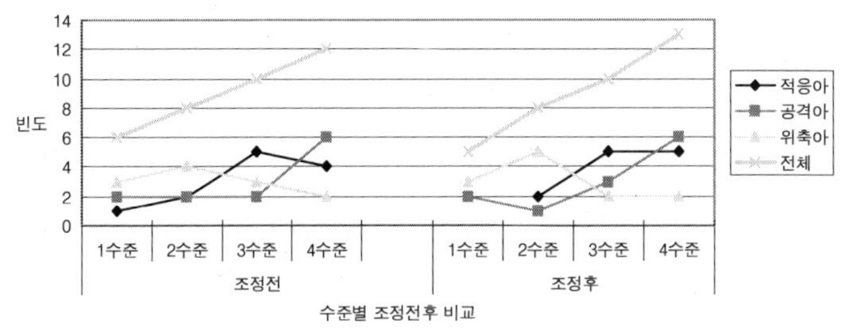

대 상	수 준	1수준	2수준	3수준	4수준	
적응아	조정 전	1	2	5	4	χ^2=1.11, df=3, P>.05
	조정 후		2	5	5	
공격아	조정 전	2	2	2	6	χ^2=0.53, df=3, P>.05
	조정 후	2	1	3	6	
위축아	조정 전	3	4	3	2	χ^2=0.31, df=3, P>.05
	조정 후	3	5	2	2	
전 체	조정 전	6	8	10	12	χ^2=.13, df=3, P>.05
	조정 후	5	8	10	13	

위 <표 27>에서와 같이 전체적으로 정신지체학생들은 조정 단서
에 따른 반응평가 수준에서 유의미한 차이가 나타나지 않았다
(P>.05). 공격아가 전·후 조정에 따른 변화의 경향을 보이기도 하
였지만, 세 집단 모두 사회적 조정 단서의 사용에 따른 전·후 반
응 수준 비교에서 유의미한 차이가 나타나지 않았다(P>.05).

이와 같은 결과에 비추어 세 집단의 전체 반응 결과, 정신지체학생들이 다른 두 상황보다 적대적 상황에서 조정 효과가 높았다. 그러나 반응접근 단계와 반응평가 단계의 조정 효과는 높지 않은 것으로 나타났다. 그리고 적응아나 위축아에 비해 공격아가 조정 단서에 따른 긍정적인 반응 수준의 변화를 보인 것으로 볼 수 있다.

Ⅴ. 논의 및 결론

1. 논 의

본 연구의 가설에 따라 선행 연구 결과를 바탕으로 본 연구에서 얻은 결과를 논의하면 다음과 같다.

1) 사회적 상황에 따른 집단별 사회적 정보처리 능력

가설1에 해당하는 사회적 상황에 따른 적응·공격·위축집단의 사회적 정보처리 능력은 사회적 상황과 사회적 정보처리의 각 단계에 따라 유의미한 차이가 나타나지 않았다.

부호화 단계에서 세 집단 모두 적대적 상황, 애매한 상황, 호의적 상황에서 의미 있는 차이를 보이지 않음으로써 가설이 부정되었다. 이것은 정신지체학생의 세 집단 모두가 사회적 상황 변화에서 비슷한 수준으로 상황을 인식하고 있다고 볼 수 있다. 사회적 상황에 대하여 적응아가 적대적 상황과 애매한 상황에서 핵심내용(4수준)을 각각 13.9%, 호의적 상황에서 11.1%가 반응하였다. 반면 공격아도 애매한 상황에서 19.4%, 호의적 상황에서 16.7%가 반응함으로써 정신지체학생들이라고 하더라도 일부는 사회적 상황의 핵심내용을 파악하는 능력이 있음을 보여주었다. 그러나 정신지체학생 대부분이 사회적 상황 변화를 민감하게 구별하지 못하는 막연한 내용(1수준), 부분적인 내용(2수준), 전반적인 내용(3수준)으로 상황을 부호화하였다. 이와 같이 사회적 상황의 변화에도 불구하고 부호화 단계에서 집단 간 별다른 차이를 보이지 않음으로써, 공격아에게 호의적인 의도로 접근했을 때 보다 적대적인 의도로 접근했을 때 편파가 심하게 나타났다는 일반학생을 대상으로 한 여러 선행 연구(Freshbach, 1970; Dodge, 1980; Dodge et al., 1984; Waldman, 1988; Dodge & Newman, 1981; Golman, 1980)와는 다른 결과라고 할 수 있다. 그리고 Leffert와 Siperstein(1996)이 정신지체학생의 공격적 집단과 비공격적 집단을 대상으로 한 연구에서 공격적 집단이 비공격적 집단에 비해 적대적 상황, 애매한 상황, 호의적 상황의 부호화 단계에서 적대적 상황에서만 상황을 바로 인식하였고 애매한 상황이나 호의적 상황에서는 상황을 정확하게 인식하지 못하였다는 결과와도 부분적인 차이가 나는 것이다. 정신지체학생의 적응, 공격, 위축 세 집단을 대상으로 한 본 연구의 결과에서는 공격적인 집단뿐만 아니라 적응집단과 위축집단 모두가 세 가지 상황 변화에 반응의 차이를 보이지 않음으로써 이들 대부분의 정신지체학생들이 사회적 상황을 적절하게 파악하는 데 어려움이 있다고 할 수 있다. 이와 같은 결과는 일반학생과 달리 정신지체학생들이 사회적 상황을 정확하게 파악하지 못하고 사회적 정보를 처리한다는 주장과 관련이 있다(Jones, 1992). 그러나 정신지체학생들이라고 하더라도 일부는 상황의 핵심내용(4수준)을 제시하였다(적대적 상황 33.3%, 애매한 상황 47.2%, 호의적 상황 38.9%). 따라서 부호화 단계에서부터 정신지체학생들에게 사회적 상황을 바르게 인식하고 사회적 정보처리를 할 수 있도록 이들의 특성을 고려한 적절한 교육적 조치를 취해야할 필요성이 제기된다.

해석 단계에서 사회적 상황에 따라 집단 간 사회적 정보처리 수준에서 유의미한 차이가 나타나지 않았다. 적응 집단 일부(5.6%, 5.6%, 8.3%)가 자신이 처한 불리한 상황에서도 상대를 이해하는 객관적인 해석을 한 것(4수준)을 제외하면, 적응아, 공격아, 위축아가 상황을 자기중심의 직감적 진술(1수준)이나 일방적 해석(2수준), 그리고 의도적인 것(3수준)으로 해석하였다. 이와 같은 결과는 부호화 단계에서 인식한 사회적 상황을 좀더 자기중심적으로 해석한 것이라고 볼 수 있다. 또한 적대적 상황, 애매한 상황, 호의적 상황 모두에서 세 집단이 1, 2, 3수준의 해석을 함으로써 정신지체학생들이 자기가 직면한 사회적 상황을 긍정적으로 해석하지 못하고 직감이나 일방적 그리고 의도적인 것으로 해석하였다고 볼 수 있다. 이와 같은 결과는 공격집단들이 사회적 상황에서의 해석을 공격적이고 적대적으로 해석하였다는 연구와 같은 결과다(Gouze, 1987; Dodge & Frame, 1982; Dodge et al., 1984; Waldman, 1988; Dodge & Somberg, 1987; Dodge & Newman, 1981). 그리고 위축적인 집단 역시 사회적 상황을 부정적으로 해석한 것으로 나타난 Garber(1992) 등의 연구 결과와도 일치한 것으로 나타났다. 결국 정신지체학생들은 부호화 단계에서의 상황 인식이 해석 단계로 넘

어오면서 적응아는 자기중심적으로, 공격아는 적대적으로, 위축아
는 소극적으로 해석하고 있음을 알 수 있다. 따라서 부호화 단계의
사회적 상황 인식 이후에 문제를 자기중심적으로 해석하여 부정적
방향으로 이어지는 과정에 유의할 필요가 있다. 반응접근 단계에서
집단 간 유의미한 차이가 나타나지 않았다. 세 집단 모두 적대적
상황, 애매한 상황, 그리고 호의적 상황에서 전략 선택의 이유가
없거나 전략 지식이 한정되어 있고(1수준), 상황을 고려하지 않는
일방적 전략(2수준)에 반응함으로써 낮은 수준의 전략을 사용하였
다. 이와 같은 결과는 공격집단이 직접적인 신체적 공격을 전략으
로 제시하였다는 연구(Slaby & Guerra 1988; Waas, 1988; Walters
& Peters, 1980)들과 일치한다. 그리고 Leffert와 Siperstein(1996)이
정신지체 공격 집단과 고립집단을 대상으로 한 연구에서 공격적인
집단이 적대적 접근을 한 것과 위축적인 고립집단이 권위나 회피
적인 전략을 선택한 것과도 일치된 결과이다. 또한 공격적인 정신
지체 집단과 비공격적인 정신지체 집단을 대상으로 연구한 Fuchs
와 Benson(1995)이 애매한 상황에서 두 집단 간에 차이가 없었던
것과 같은 결과이다. 그러나 적응집단이 각 상황에 적절한 전략(4
수준)을 사용한 것(11.1%, 13.9%, 11.1%)을 제외하고 집단 간 차이
가 없었기 때문에 정신지체학생들은 전반적으로 상황에 적절하지
못한 3수준(자기가 선호하는 전략)이하의 낮은 전략을 사용한 것을
볼 수 있다. 이와 같은 정신지체학생들의 반응접근 특성은 해석 단
계에서 보인 정보처리와 비슷한 수준의 패턴으로 이어지고 있다고

해석할 수 있다.

반응평가단계의 애매한 상황에서 세 집단 간 유의미한 차이가 나타나 가설이 부분적으로 긍정되었지만, 적대적 상황과 호의적 상황에서는 집단 간 차이가 없어 가설이 부정되었다. 적대적 상황에서 세 집단 모두 전략 사용 방법상의 문제로 낮은 전략을 고수하였다(3수준 이하). 호의적 상황에서는 공격아가 전략과 결과를 예측하는 상위수준의 전략을 나타냈고(16.7%), 애매한 상황에서는 적응아의 22.2%가 상위수준의 반응평가를 함으로써 공격아와 위축아보다 높은 수준으로 처리하였다. 즉, 적응아가 전략과 결과 간의 관계를 바르게 예측하여 반응한 데 반해 공격아와 위축아들은 전략에 따라 결과가 다름을 모르거나(1수준), 전략에 따라서 결과가 다름을 인식하지만 전략-결과 간의 관계가 잘못된 반응을 하였다(2수준). 이와 같은 결과는 적응아에 비해 공격아나 위축아들이 애매한 사회적 상황을 정확하게 파악하지 못하고 사회적 정보를 처리한 것으로 해석할 수 있다. 이것은 공격적인 집단이 자신의 공격적인 행동에 대하여 도덕적으로 나쁘다고 판단하기보다는 자신이 선택한 전략이 최선이고 적절한 것으로 여긴다는 여러 선행 연구가 제시한 결과와 일치하는 것이다(Crick & Ladd, 1991; Asarnow & Callan 1985; Boldizar et al., 1989; Perry et al., 1986; Garber et al., 1991). 또한 위축집단이 자신의 위축 반응이 좋은 방법이 아님에도 불구하고 전략을 사용한 것도 Garber(1987)의 연구와 같은 결과이다.

실행단계는 가설3에 해당하는 문제로 잠재적인 사회적 정보처리 능력과 실제 사회적 행동과의 관계를 파악하고자 하였다. 이를 검증하기 위해 실제 상황의 집단별 사회적 정보처리 반응 수준과 반응접근 단계의 사회적 정보처리 반응 수준과 전·후 비교를 하였다. 결과에서 공격아 집단이 반응접근 단계에서의 처리 능력과 실제 상황에서의 처리 능력과 유의미한 차이를 나타냈다. 그러나 적응집단과 위축집단은 유의미한 차이가 나타나지 않았다. 따라서 공격집단은 사회적 정보처리상에서 보였던 공격적인 특성이 실제 사회적 행동에서는 덜 공격적인 행동을 보인 것으로 이해할 수 있다. 그러나 적응집단과 위축집단은 반응접근 단계의 사회적 정보처리 반응과 실제 사회적 행동에서도 비슷한 행동을 나타내어 Dodge와 Price(1994)가 적응아를 대상으로 수행한 연구와 일치하였다. 이들은 사회적으로 적응 능력이 있는 학생은 사회적 정보처리도 잘 처리하는 것과 관련이 있다는 제안을 하였다. 따라서 본 연구의 결과에서도 사회적 정보처리 능력과 실제 사회적 행동과의 연계 가능성을 나타냈다고 할 수 있다. 이러한 연구 결과를 근거로 하여, 사회적 정보처리 능력이 향상이 바람직한 사회적 행동을 예상하게 하는 추가적인 연구도 기대할 수 있을 것이다.

2) 사회적 조정 단서에 따른 사회적 정보처리 능력

집단별 사회적 조정 단서에 따른 사회적 정보처리 능력에 차이가 있을 것이라는 가설2의 검증 결과는 사회적 정보처리의 각 단계와 사회적 상황에 따라 각기 달리 나타나 부분적으로 긍정되었다.

부호화 단계에서 적대적 상황에서는 전체적으로 조정 전·후에 유의미한 차이가 나타나지 않았다. 그러나 개별 집단별로 보면 공격집단이 조정 전·후에 반응 수준에서 유의미한 차이를 보였고, 적응집단과 위축집단은 조정 전·후 반응 수준에 차이가 없었다. 그리고 애매한 상황에서는 전체집단과 개별집단의 반응 수준에 변화가 없었지만, 호의적 상황에서는 전체집단이 조정 전·후에 유의미한 차이가 났을 뿐 아니라 특히 공격집단이 유의미한 변화를 나타냈다. 이와 같은 결과는 조정 전에 이미 적응아 대부분은 사회적 상황을 바로 인식하였기 때문에 조정 효과가 나타나지 않았을 수 있다. 그리고 호의적 상황과 공격집단에서 조정 단서를 통한 긍정적인 변화를 나타났다는 것은 상황을 고려한 대상자의 특성에 따라 적절한 조정 단서를 통해 보다 정확한 부호화 처리를 할 수 있다는 가능성을 보여준 것이다.

해석 단계에의 적대적 상황과 애매한 상황에서 전체집단이 조정 전·후에 유의미한 차이를 보였고, 개별 집단은 적대적 상황에서는 공격아가, 애매한 상황에서는 위축아가 조정 전·후에 유의미한 차이를 나타냈다. 그러나 호의적 상황에서는 전체집단과 각 개별 집단에서 유의미한 차이는 없었지만 세 집단 모두 조정 전·후에 낮은 수준의 반응이 3, 4수준으로 긍정적인 변화 경향성을 보임으로써 사회적 조정 단서의 활용을 통한 사회적 정보처리 해석 능력의 향상을 기대할 수 있게 되었다.

반응접근 단계에서는 적대적 상황, 애매한 상황, 호의적 상황 모두에서 전체집단이 조정 전·후에 유의미한 차이가 나타나지 않았다. 그러나 개별 집단별로 적대적 상황에서 공격아와 위축아가, 호의적 상황에서 공격아가 4수준의 적절한 전략으로 반응이 향상되는 경향을 보였다. 그러나 다른 정보처리 단계에 비해 반응접근 단계에서 조정 전·후의 변화가 적은 것은 이들이 일반아동들에 비해 이들이 가지고 있는 반응을 생성하는 전략의 항목이 제한되어 있기 때문에 조정 단서의 활용만으로는 전략을 생성하는 조정 효과를 단기간에 기대하기 어려울 수 도 있을 것이다(Leffert & Siperstein, 2002). 반응평가 단계에서는 적대적 상황에서 전체적으로 사회적 조정 단서에 따라 유의미한 차이를 나타냈다. 그리고 공격아가 유의미한 차이를 보였다. 그러나 애매한 상황과 호의적 상황 모두에서 전체와 개별 집단별로 유의미한 차이가 나타나지 않았다. 따라서 적응아와 위축아들은 조정 전·후 반응에 영향이 없는 것으로 볼 수 있다. 적대적 상황에서의 공격아들이 다른 집단에 비해 조정 효과가 큰 것으로 밝혀졌다. 이와 같은 결과는 반응평가 단계뿐만 아니라 부호화, 해석, 반응접근 단계에서도 공통적으로 나타나는 특징이라고 볼 수 있다. 즉, 사회적 조정 단서의 활용을 통하여 적대적 상황에서 공격아가 적응아나 위축집단에 비해 조정 단서의 활용에 많은 변화를 보인다고 할 수 있다.

이상의 연구 결과는 학생들은 자신이 경험하고 표현하는 정서와 이것을 조정하는 기술이 다양하며 주의력, 사회적 조절 능력 및 정서적 감정 상태가 사회적 능력과 연관이 있다고 한 Eisenberg 등(1997)의 주장이 정신지체학생들에게도 적용된다는 사실을 뒷받침하는 것이라고 할 수 있다. 또한 정신지체학생들이 조정 전 반응에서는 과제와 관련 없는 심리적인 각성이나 분위기와 관계된 사회적 상황에 주의를 빼앗길 수 있었지만(Ladd & Crick, 1989; Dodge & Somberg, 1987; Lemerise & Arsenio, 2000), 사회적 조절 과정을 통하여 이러한 부적절한 감정을 긍정적으로 조절하는 능력을 가지고 있음을 시사하는 것이다.

2. 결 론

지금까지의 연구 결과와 논의를 종합하여 얻은 내용을 앞서 제시하였던 실용 모형(working model)을 근거로 결론을 내리면 다음과 같다.

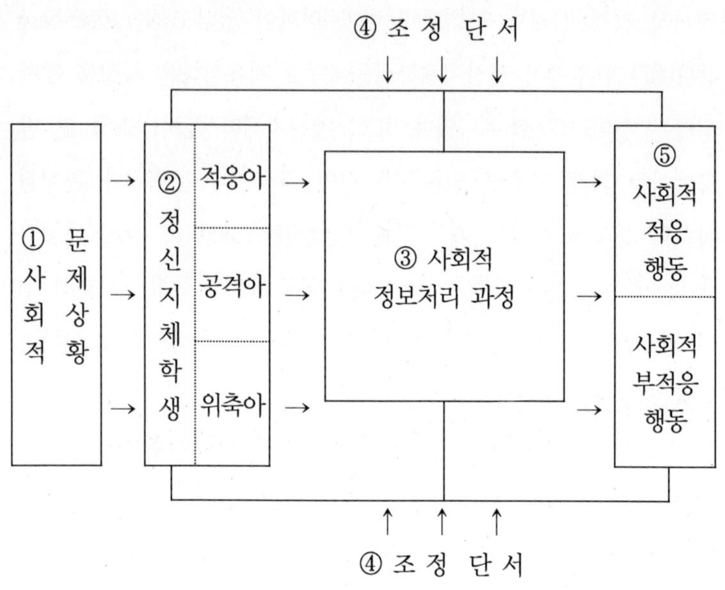

① 사회적 문제 상황과 ② 정신지체학생들과의 관계에서 대부분의 정신지체학생들이 반응평가단계의 애매한 상황을 제외하고 부호화 단계, 해석 단계, 반응접근 단계에서 적대적 상황, 애매한 상황, 호의적 상황에서 집단 간의 차이를 보이지 않음으로써 사회적 상황에 적절한 의미를 정확하게 파악하거나 해석하고 이에 따른 적절한 전략을 선택한 뒤 전략평가를 하는 데 어려움이 있었다.

② 정신지체학생들의 ③ 사회적 정보처리 과정의 특징을 보면, 부호화 단계에서 적응아, 공격아, 위축아에 관계없이 제시된 사회적 상황에 대하여 핵심내용을 파악하는 능력이 부족하고 막연하고, 부분적이며, 그리고 전반적으로 상황을 부호화 하였다. 해석 단계

에서는 적응아 일부가 자신이 처한 불리한 상황에 대해서도 상대를 이해하는 객관적인 해석을 한 것을 제외하고, 자기중심의 직관적 진술이나, 일방적 해석, 그리고 상대가 의도적으로 자신에게 피해를 준 것이라고 해석하였다. 반응접근 단계에서 정신지체학생들은 상황에 적절한 전략 선택 이유가 없고, 상황을 고려하지 않는 일방적 전략을 주로 사용하였다. 반응평가단계의 애매한 상황에서는 적응아가 자신이 선택한 전략과 그 결과 간의 관계를 바르게 예측하여 반응하였지만, 상대적으로 공격아와 위축아는 전략에 따른 결과가 다름을 모르거나 전략과 결과 간의 관계가 잘못된 반응을 보였다. 그러나 호의적 상황에서 공격아가 자신이 선택한 전략과 그 결과를 바르게 파악함으로써 적대적 상황이나 애매한 상황에서보다 전략 평가를 잘 수행하였다.

③ 사회적 정보처리 과정에서 ④ 사회적 조정 단서를 사용 한 뒤에 전체적으로 정신지체학생들은 해석 단계의 적대적 상황과 애매한 상황, 반응평가단계의 적대적 상황에서 조정 후에 긍정적인 변화가 있었다. 개별 집단별로 보면, 공격적인 정신지체학생들은 적대적 상황에서 반응접근 단계에서 통계적으로 유의미한 차이는 없었지만 반응 결과에서 향상의 경향성을 보였고, 다른 모든 단계에서는 통계적으로 유의미한 수준의 향상이 나타났다. 그러나 적응아와 위축아는 반응접근과 반응평가단계에서 조정 단서 사용 이후에 긍정적인 반응 변화를 보이지 않았다.

③ 사회적 정보처리와 ⑤ 실제 사회적 반응 행동에서 공격아는

사회적 정보처리 과정보다 실제 행동에서 덜 공격적인 행동을 나타냈다. 적응아와 위축아는 사회적 정보처리상의 반응과 실제 사회적 행동과 비슷한 반응을 보였다.

이상의 논의 및 결론을 통하여 앞으로의 연구에서 더 고려해야 할 점을 제시하면 다음과 같다.

첫째, 정신지체학생들은 개인 내의 특성이 다양하기 때문에 사회적 정보처리 능력을 구체적으로 파악하기 위하여 이들의 부적응 유형을 좀더 하위영역으로 나누어 접근해야 할 필요가 있다. 즉, 같은 공격적인 학생이라고 하더라도 공격패턴이 다양하기 때문에 이들의 공격적 특성을 세분하여 사회적 정보처리와의 관계를 분석하여야 한다. 이것은 공격적인 학생뿐만 아니라 위축적인 학생들도 마찬가지 일 것이다.

둘째, 정신지체학생들의 사회적 정보처리 능력과 실제 사회적 행동과의 관계를 구체적으로 분석하기 위해 사회적 상황의 실제 장면과의 관계 속에서 체계적인 연구가 이루어져야 한다. 이를 위해 정신지체학생들이 직접적으로 상대하는 동료, 교사, 부모 등의 변인들과 동시에 고려되어야 한다.

셋째, 정신지체학생들의 정서적 특성과 사회적 정보처리 능력 그리고 사회적 행동과의 관계를 분석하기 위해 좀더 체계적인 연구가 수행되어야 한다. 이를 위해 정서적 반응을 구체적으로 파악하기 위한 측정 도구와 정서적 반응을 유도하는 방법적인 체계가 연구되어야 한다.

넷째, 정신지체학생들의 부적응 행동의 특성을 구체적으로 파악하기 위하여 부적응 행동이 사회적 정보처리 과정상에 누가적이고 중복적으로 미칠 수 있는 영향을 분석할 필요가 있다. 즉, 한 학생이 공격성이나 위축성과 같은 여러 가지 특성을 복합적으로 나타낼 때의 부적응 유형과 사회적 정보처리 능력을 종합적으로 분석해내는 연구가 이루어질 필요가 있다.

다섯째, 정신지체학생들의 발달단계에 따른 사회적 정보처리 특성 파악과 훈련 연계 연구가 이루어져야 한다. 초기 발달 단계에서의 사회적 정보처리 모형에 근거한 부적응 행동의 조기 진단과 훈련 연계를 통한 연구는 정신지체학생의 부적응 행동 개선에 관한 실증적인 증거를 제시해줄 수 있을 것이다.

참고 문헌

Ames, R., Ames, C., & Garrison, W. (1977). Children's causal ascription for positive and negative interpersonal outcomes. *Psychological Reports, 41,* 595-602.

Asarnow, J. R., & Callan, J. W. (1985). Boys with peer adjustment problems: social cognitive precesses. *Journal of Consulting and Clinical Psychology, 53,* 80-87.

Asher, S. R., & Renshaw, P. D. (1981). Children without friend : social knowledge and social skill training. In S. R. Asher, & J. M. Gottman(Eds.) *The development of children's friendships,* (274-296). Cambridge, England: Cambridge University Press.

Aydin, O., & Markova, I. (1979). Attribution tendencies of popular and unpopular children. *British Journal of Social and Clinical Psychology, 18,* 291-298.

Barron, A. P., & Earls, F. (1984). The relation of temperament and social factors to behavior problems in three-year-old children. *Journal of Child Psychology and Psychiatry, 25,* 23-33.

Beck, A. T. (1967). *Depression: Clinical, Experimental, and Theoretical Aspects.* New York: Harper & Row.

Boldizar, J. P., Perry, D. G., & Perry, L. C. (1989). Outcome values and aggression. *Child Development*, 60, 571-79.

Casey, R. J. (1996). Emotional competence in children with externalizing and internalizing disorders. In Lewis, M., & Sullivan, M. W. (Eds.), *Emotional development in atypical children*, (161-183). Mahwah, NJ: Erlbaum.

Chung, T., & Asher, S. R. (1996). Children's goals and strategies in peer conflict situations. *Merrill-Palmer Quarterly*, 42, 125-147.

Chung, T., & Asher, S. R. (1997). *Children's conflict resolution in different relational contexts: The linkages between goals and strategies.* Paper presented at the annual meeting of the American Educational Research Association, Chicago.

Cohen, D., & Strayer, J. (1996). Empathy in conduct-disordered and comparison youth. *Developmental Psychology*, 32, 988-998.

Crick, N. R., & Dodge, A. (1994). A Review and reformulation of social information-processing mechanisms in children's social Adjustment. *Psychological Bulletin*, 115(1), 74-101.

Crick, N. R., & Dodge, A. (1996). Social information-processing Mechanisms in reactive and proactive aggression. *Child Development*, 67, 993-1002.

Crick, N. R., & Ladd, G. (1991). Children's perceptions of the consequences of aggressive behavior: do the ends justify being mean? *Development Psychology*, 26, 612-20.

Crick, N. R., & Ladd, G. W. (1993). Children's perceptions of their peer experiences: Attributions, loneliness, social anxiety, and social avoidance. *Developmental Psychology, 29,* 244-254.

Crick, N. R., & Werner, N. E. (1998). Response decision processes in relational and overt aggression. *Child Development, 69(6),* 1630-1639.

Perry, D. G., & Perry, L. C. (1987). Applications of Dodge's social information processing model of social competence to the study of prosocial behavior in children. *To the Educational Resources Information Center(ERIC) US Department of Education Office of Educational Research and Improvement. Paper presented at the Biennial Meeting of the international society for the study of behavioural development*(9th, Tokyo, Japan, July 12-16, 1987).

Dell Fitzgerald, P., & Asher, S. R. (1987), August-September. Aggresive-rejected children's attributional biases about liked and disliked peers Paper presented at *the 95th Annual Convention of the American Psychological Association, New York.*

Dodge, K. A. (1980). Social cognition and children's aggressive behavior. *Child Development, 51,* 162-170.

Dodge, K. A. (1983). Behavioral antecedents of peer social status. *Child Development, 54,* 1386-1399.

Dodge, K. A. (1985). Social information processing model of social competence in children. *Minnesota Symposia on Child Psychology, 18*, 99-125.

Dodge K. A. (1986). Social competence in children. *Monograph of the Society for Research in Child Development, 213, 51(2).*

Dodge, K. A. (1993). Social-cognitive mechanisms in the development of conduct disorder and depression. *Annual Review of Psychology, 44;* 59-84.

Dodge, K. A., Asher, S. R., & Parkhurst, J. T.(1989). Social life as a goal coordination task. IN C. Ames & Ames(Eds.), *Research on motivation in education*(3, 107-135). San Diego, CA: Academic Press.

Dodge, K. A., & Crick,. N. R. (1990). Social information processing bases of aggressive behavior in children. *Personality and Social Psychology Bulletin, 53*, 1146-1153.

Dodge, K. A., & Crick, N. R. (1994) A review and Reformulation of social information-processing mechanisms in children's social adjustment. *Psychological Bulletin, 115(1)*, 74-101.

Dodge, K. A., & Frame, C. L. (1982). Social cognitive biases and deficits in aggressive boys. *Child Development, 53*, 620-635.

Dodge, K. A., Murphy, P. R., & Buchsbaum, K.(1984). The assessment of intention-cue detection skill in children: Implications for developmental psychopathology. *Child development, 55*, 163-173.

108

Dodge, K. A., & Newman, J. P. (1981). Biased decision making processes in aggressive boys. *Journal of Abnormal Psychology*, 90, 375-379.

Dodge, K. A., Pettit, G. S., McClaskey, C. L., & Brown, M. M. (1986). Social competence in children. *Monographs of the Society for Research in Child Development*, 51(2), 213.

Dodge, K. A., & Price, J. M. (1994). On the relation between social information processing and socially competent behavior in early school-aged children. *Child Development*, 65, 1385-1397.

Dodge, K. A., & Somberg, D. R. (1987). Hostile attributional biases among aggressive boys are exacerbated under conditions of threats to the self. *Child Development*, 58, 213-224.

Dodge, K. A., & Tomlin, A. (1987). Cue utilization as mechanism of attributional bias in aggressive children. *Social Cognition*. 5, 280-300.

Eisenberg, N., Guthrie, I. K., Fabes, R. A., Shepard, S., Losoya, Murphy, B. C., Jones, S., Poulin, R., & Reiser, M. (2000). Prediction of elementary School children's externalizing problem behaviors from attentional and behavioral regulation and negative emotionality. *Child Development*, 71, 1367-1382.

Eisenberg, N., Fabes, R. A., Shepard, S. A., Murphy, B. C., Guthrie, L. K., Jones, S., Friedman, J., Poulin, R., & Maszk, P. (1997). Contemporaneous and longitudinal prediction of children's social functioning form regulation and emotionality. *Child Development, 68,* 642-664.

Eisenberg, N., Fabes, R. A., Nyman, M., Bernzweig, J., & Pinuelas, A. (1994). The relations of emotionality and regulation to children's anger-related reactions. *Child Development, 65,* 109-128.

Ersley, C. A., & Asher, S. R. (1996). Children's social goals and self-efficacy perceptions as predictors of their responses to ambiguous prevocation. *Child Development, 67,* 1329-1344.

Ersley, C. A., & Asher, S. R. (1999). A social goals perspective on children's social competence. *Journal of Emotional and Behavioral Disorders. 7,* 156-167.

Feshbach, S. (1970). *Aggression. In Carmichael's Manual of Child Psychology,* Ed. P. H. Mussen, (2) 59-259. New York: Wiley.

Fuchs, C. & Benson, B. A. (1995) Social information processing by aggressive and nonaggressive men with mental retardation. *American Journal on Mental Retardation,* 100(3), 244-252.

Garber, J. (1987) *Depression in children: validation of the construct.* Ph D thesis. Univ. Minnesota.

Garber, J., & Hilsman, R. (1992). Cognitions, stress, and depression in children adolescents. *Child and Adolescent Psychiatric Clinics of* North American, 1, 129-167.

Garber. J., Quiggle, N. L., Panak, W., & Dodge, K. A. (1991) Aggression and depression in children's: comorbidity, specificity, and cognitive processing. *See Cicchetti & Tooth,* 225-64.

Goetz, T. W., & Dweck, C. S. (1980). Learned helplessness in social situations. *Journal of Personality and Social Psychology,* 39, 246-55.

Goldman, J. A., Corsini, D. A., & DeUrioste, R. (1980). Implications of positive and negative sociometric status for assessing the social competence of young children. *Journal of Application Development Psychology.* 1, 209-20.

Gofttman, J., Gonso, J., & Rasmussen, B. (1975). Social interaction, social competence, and friendship in children. *Child Development.* 46, 709-18.

Gomez, R., & Hazeldine, P. (1996). Social information processing in mild mentally retarded children. *Research in Developmental Disabilities;* 17(3) 217-27.

Gouze, K. R. (1987). Attention and social problem solving as correlates of aggression in preschool males. *Journal of Abnormal Child Psychology,* 15, 181-97.

Gresham, F. M.. (1986). Strategies for Enhancing The Social outcomes of mainstreaming: A necessary ingredient for success. In C. J. Meisel(ED.), Mainstreaming handicapped children: Outcomes, controversies and new directions(193-218). Hillsdale, NJ:

Erlbaum.

Guerra, N. G., & Slaby, R. G. (1989). Evaluative factors in social problem solving by aggressive boys. *Journal of Abnormal Child Psychology, 17*, 277-289.

Hammen, C., & Zupan, B. A. (1984). Self-schema, depression, and the processing of personal information in children. *Journal of Exceptional Child Psychology, 37*, 598-608.

Harrist, A. W., Zaia, A. F., Bates, J. E., Dodge, K. A., & Pettit, G. S.(1997), Subtypes of social withdrawal in early childhood:

Sociometric status and social-cognitive differences across four years. *Child Development, 68*(2), 278-294.

Izard, C. E. (1994). Cognition is one of four types of emotion-activating systems. In Ekman, P., & Davidson, R. J. (Eds.), *The nature of emotion: Fundamental questions* (203-207). New York: Oxford University Press.

Jones, C. J. (1992). Mentally retarded students. In C. J. Jones(Eds). Social and emotional development of exceptional students-(81-100). Illinois: Thomas Books.

Kasari, C. & Bauminger, N. (1998). Social and emotional development in children with mental retardation. In J. A. Burack., R. M. Hodapp & E. Zigler (Eds.), *Handbook of Mental Retardation and Development*(pp. 412). United Kingdom: Cambridge University Press.

Kendall, P. C., & Braswell, L. (1985). *Cognitive Behavioral Therapy for Impulsive Children.* New York: Guilford.

Kyrios, M., & Prior, M. (1990). Temperament, stress and family factors in behavioral adjustment of 3-5-year-old children. *International Journal of Behavioral Development,* 13, 67-93.

Ladd, G. W., & Crick, N. R. (1989). Probing the psychological environment: Childen's cognitions, perceptions, and feelings in the peer culture. In C Ames & M. Maehr(Eds.), *Advances in motivation and achievement*(1-44). Greenwich, CT : JAL Press.

Leffert, J. S., & Siperstein, G. N. (1996). Assessment of social-cognitive processes in children with mental retardation, *American Journal on Mental Retardation..* 100(5) 441-455.

Leffert, J. S., & Siperstein, G. N. (2002). Social cognition: a key to understanding adaptive behavior in individuals with mild mental retardation, *International Review of Research in Mental Retardation.* 25, 135-181.

LeDoux, J. E. (1995). Emotion: Clues from the brain. *Annual Review of Psychology,* 46, 209-235.

Lemerise, E. A., & Arsenio, W. F. (2000). An integrated model of emotion processes and cognition in social information processing. *Child Development,* 71(1), 107-118.

Mullins, L. L., Siegal. L. J., & Hodges, K. (1985). Cognitive problem-solving and life event correlates of depressive symptoms in children. *Journal of Abnormal. Child Psychology*, 13, 305-14.

Perry, D. G., Perry. L. C., & Rasmussen, P. (1986). Cognitive social learning mediators of aggression. *Child Development*, 57, 700-11.

Pettit, G. S., Dodge, K. A., & Brown, M. M. (1988). Early family experience, social problem solving patterns, and children's social competence. *Child Development*. 59, 107-20.

Putallaz, M., & Gottman, J. M. (1981). An interactional model of children's entry into peer groups. *Child Development*, 52, 986-994.

Quiggle, N. L., Garber, J. Panak, W. F., & Dodge, K. A(1992). Social information processing in aggressive and depressed children. *Child Development*, 63, 1305-1320.

Rubin, K. H. (1982). Social and social-cognitive developmental characteristics of young isolate, normal, and sociable children. In Rubin, K. H., & Ross, H. S. (Eds.), *Peer relationships and social skills in childhood* (353-374). New York : Springer-Verlag.

Rubin, K. H., & Krasnor, L. R. (1986). Social-cognitive and social behavioral perspective in problem solving. In M. Perlmu-tter(Ed), *The Minnesota Symposium on Child Psychology* (1-68). Hillsdale, NJ: Erlbaum.

Rubin, K. H., Moller, L., & Emptage, A. (1987). The preschool behavior questionnaire: a useful index of behavior problems in elementary school-age children. *Canadian Journal of Behavior Society,* 19, 86-100.

Rumelhart, D. E., & McClelland, J. L. (1986). the Parallel Distributed Processing(PDP) Research Group. *Parallel distributed processing: Exploration in the microstructure of cognition. Vol. 1: Foundations.* Cambridge, MA: MIT Press/Bradford Books.

Saarni, C. (1999). *The development of emotional competence.* New York: Guilford.

Sancilio, F. M., Plumert, J. M., & Hartup, W. W. (1989). Friendship and aggressiveness as determinants of conflict outcomes in middle childhood. *Developmental Psychology,* 25, 812-819.

Slaby, R. G., & Guerra, N. G. (1988). Cognitive mediators of aggression in adolescent offenders: 1. Assessment. *Developmental Psychology,* 24, 580-88.

Steinberg, M. D., & Dodge, K. A. (1983). Attributional bias in aggressive adolescent boys and girls. *Journal of Social and Psychology,* 1, 312-321.

Strassberg, Z., & Dodge, K. A. (1987). *Focus of social attention among children varying in peer status.* Paper presented at the annual meeting of the Association for the Advancement of Behavior Therapy.

Waas, G. A. (1988). Social attributional biases of peer-rejected and aggressive children. *Child Development, 59*, 969-992.

Waldman, I. D. (1988). *Relationships between non-social information processing, social perception, and social status in 7 to 12 year old boys. Unpublished doctoral dissertation*, University of Waterloo, Waterloo, Ontario, Canada.

Walters, J., & Peters, R. D. (1980). Social problem solving in aggressive boys. Presented at Annual. Meet. *Canadian Psychology Association.*

Yeates, K. O., & Selman, R. L. (1989). Social competence in the schools: Toward an integrative developmental model for intervention. *Developmental Review, 9*, 64-100.

부 록

〈부록 1〉

사회적 적응·부적응 학생 평가 검사

이름 :　　　　　성별 : 남　여　　나이:　　기록일자 :

학교 :　　　　　학년 :　　　　　학급:

검사자 :　　　　　　　　　　　학생과의 관계 :

　다음을 문항을 읽으시고 귀하께서 관찰하신 학생의 평소 행동을 해당하는 번호에 (∨)표시하여 주시기 바랍니다.

친사회적 행동

1. 친구들을 잘 이끌어 준다.

　1. 그렇지 않다 2. 이따금씩 그렇다 3. 보통이다 4. 거의 그렇다 5. 언제나 그렇다

2. 친구들을 위해 좋은 일을 한다.

　1. 그렇지 않다 2. 이따금씩 그렇다 3. 보통이다 4. 거의 그렇다 5. 언제나 그렇다

3. 다른 친구를 도와준다.

　1. 그렇지 않다 2. 이따금씩 그렇다 3. 보통이다 4. 거의 그렇다 5. 언제나 그렇다

4. 어떤 일로 슬프거나 화나있는 친구를 위로해준다.

    1. 그렇지 않다 2. 이따금씩 그렇다 3. 보통이다 4. 거의 그렇다 5. 언제나 그렇다

공격적 행동

1. 다른 사람을 주먹으로 때린다.

    1. 그렇지 않다 2. 이따금씩 그렇다 3. 보통이다 4. 거의 그렇다 5. 언제나 그렇다

2. 다른 사람을 당기거나 밀친다.

    1. 그렇지 않다 2. 이따금씩 그렇다 3. 보통이다 4. 거의 그렇다 5. 언제나 그렇다

3. 다른 사람을 나쁜 별명으로 부른다.

    1. 그렇지 않다 2. 이따금씩 그렇다 3. 보통이다 4. 거의 그렇다 5. 언제나 그렇다

4. 다른 사람에게 야비한 말을 하거나 헐뜯는 말을 한다.

    1. 그렇지 않다 2. 이따금씩 그렇다 3. 보통이다 4. 거의 그렇다 5. 언제나 그렇다

5. 자기가 말한 대로하지 않으면 주먹으로 칠 것이라고 위협한다.

    1. 그렇지 않다 2. 이따금씩 그렇다 3. 보통이다 4. 거의 그렇다 5. 언제나 그렇다

6. 다른 사람에게 화가 나면, 그 사람을 무시하거나 말을 못하게 한다.

    1. 그렇지 않다 2. 이따금씩 그렇다 3. 보통이다 4. 거의 그렇다 5. 언제나 그렇다

7. 자기가 말한 대로하지 않으면 더 이상 좋아하지 않을 것이라고 한다.

    1. 그렇지 않다 2. 이따금씩 그렇다 3. 보통이다 4. 거의 그렇다 5. 언제나 그렇다

8. 놀이나 활동에 다른 어떤 사람을 자기 집단에 합류시키려는 의도를 보인다.

   1. 그렇지 않다 2. 이따금씩 그렇다 3. 보통이다 4. 거의 그렇다 5. 언제나 그렇다

9. 다른 사람에게 화가 나면, 친구 집단에서 제거하는 방법으로 보복한다.

   1. 그렇지 않다 2. 이따금씩 그렇다 3. 보통이다 4. 거의 그렇다 5. 언제나 그렇다

10. 소문을 퍼뜨려 자기가 싫어하는 사람을 다른 사람이 좋아하지 못하게 한다.

   1. 그렇지 않다 2. 이따금씩 그렇다 3. 보통이다 4. 거의 그렇다 5. 언제나 그렇다

위축적 행동

1. 친구들로부터 고립되어 있다.

   1. 그렇지 않다 2. 이따금씩 그렇다 3. 보통이다 4. 거의 그렇다 5. 언제나 그렇다

2. 나이에 비해 유치한 행동을 한다.

   1. 그렇지 않다 2. 이따금씩 그렇다 3. 보통이다 4. 거의 그렇다 5. 언제나 그렇다

3. 남의 물건을 부수거나 피해를 준다.

   1. 그렇지 않다 2. 이따금씩 그렇다 3. 보통이다 4. 거의 그렇다 5. 언제나 그렇다

4. 잘못한 행동에 죄책감을 가지지 않는다.

   1. 그렇지 않다 2. 이따금씩 그렇다 3. 보통이다 4. 거의 그렇다 5. 언제나 그렇다

5. 소리를 지른다.

   1. 그렇지 않다 2. 이따금씩 그렇다 3. 보통이다 4. 거의 그렇다 5. 언제나 그렇다

6. 충동적이다.

   1. 그렇지 않다 2. 이따금씩 그렇다 3. 보통이다 4. 거의 그렇다 5. 언제나 그렇다

7. 말을 두서없이 한다.

   1. 그렇지 않다 2. 이따금씩 그렇다 3. 보통이다 4. 거의 그렇다 5. 언제나 그렇다

8. 이야기하기 싫어한다.

   1. 그렇지 않다 2. 이따금씩 그렇다 3. 보통이다 4. 거의 그렇다 5. 언제나 그렇다

9. 혼자 있으려고 한다.

   1. 그렇지 않다 2. 이따금씩 그렇다 3. 보통이다 4. 거의 그렇다 5. 언제나 그렇다

10. 스스로 부끄러워하고, 매사에 겁을 많이 먹는다.

   1. 그렇지 않다 2. 이따금씩 그렇다 3. 보통이다 4. 거의 그렇다 5. 언제나 그렇다

11. 야단맞으면 쉽게 상처받는다.

   1. 그렇지 않다 2. 이따금씩 그렇다 3. 보통이다 4. 거의 그렇다 5. 언제나 그렇다

12. 지나치게 불안해하거나 무서워한다.

   1. 그렇지 않다 2. 이따금씩 그렇다 3. 보통이다 4. 거의 그렇다 5. 언제나 그렇다

13. 실수를 두려워한다.

   1. 그렇지 않다 2. 이따금씩 그렇다 3. 보통이다 4. 거의 그렇다 5. 언제나 그렇다

14. 우울하게 보인다.

   1. 그렇지 않다 2. 이따금씩 그렇다 3. 보통이다 4. 거의 그렇다 5. 언제나 그렇다

〈부록 2〉

사회적 정보처리 능력 검사 사회적 상황

1. 적대적 상황 : 생일초대 받기

민수는 어느 날 오후 휴게실에서 쉬고 있었다. 그 옆에서 영철이와 철수가 이야기를 하고 있는 것을 듣게 되었다. 영철이가 철수를 자기생일파티에 초대하는 이야기였다. 민수는 자기도 초대 받고 싶었는데 알고 보니 거절되었다. 민수만 빼고 반 친구들 모두가 초대된 것을 알았다.

2. 애매한 상황 : 비디오 같이 보기

집에서 영철이가 재미있는 만화 비디오테이프를 학교에 가지고 왔다. 영철이가 바로 옆에 있는 철수한테 같이 보자고 말을 하고 있었다. 민수도 바로 옆에 있었는데 영철이는 민수에게는 같이 보자고 하지 않았다. 민수도 비디오테이프를 같이 보고 싶었다.

3. 호의적 상황 : 공놀이 같이 하기

쉬는 시간에 운동장에서 영철이와 철수가 재미있게 공놀이를
하고 있었다. 민수도 하고 싶었다. 민수가 같이 놀려고 다가가니
영철이가 공부시간이다 됐다 면서 그만 오늘은 그만 해야겠다면
서 교실로 들어갔다.

4. 적대적 상황 : 뒤에서 고의로 밀기

민수는 철수와 재미있는 이야기를 하면서 교실로 오고 있었다.
그런데 영철이가 뒤따라오다가 몰래 다가와 민수를 뒤에서 밀치
고 도망갔다. 민수는 앞으로 넘어질 뻔하였다.

5. 애매한 상황 : 친구가 뒤에서 부딪치기

민수가 복도를 걸어가는데 영철이가 막 뛰어가다 민수를 뒤에
서 부딪치고 지나갔다. 민수는 넘어져 다칠 뻔하였다. 그런데 영
철이는 그냥 계속 뛰어가고 있었다.

6. 호의적 상황 : 청소해주다 옷 젖기

청소시간에 영철이가 민수 책상을 걸레로 닦아주다 책상 위에
먹다 남은 우유가 넘어져 민수 옷에 떨어졌다. 민수 옷이 우유가
많이 묻었다.

<부록 3>
사회적 정보처리 능력검사 진행 방법
(2차 사회적 조정 단서 제공 검사)

※ 다음 세 가지 상황의 이야기가 있습니다. 각 이야기를 들려줄 때 천천히 학생이 상황을 충분히 이해할 수 있도록 들려주고, 이야기 중에 영철이와 민수가 등장하는데 민수는 대상학생이름으로 바꾸어 설명해주세요.

부호화 단계에 관한 질문입니다.

질문1 : "무슨 이야기일까요?"("무슨 일이 생겼나요?")

《반응을 채점표의 막연, 부분, 전반, 핵심이 들어간 내용인지 확인하고 기록한다》

해석 단계에 관한 질문입니다.

《상황을 다시 언급하면서 다음 질문을 한다.》

질문1 : "영철이가 왜 그랬을까요?"

질문2 : "왜 그렇게 생각하였나요?"

질문3 : "영철이는 (　)에게 고의로 그렇게 하였나요?"

《반응의 내용들을 채점표에 기록하고 다음 단계로 진행한다.》

반응접근 단계에 관한 질문입니다.

《앞 단계에서 반응한 대답을 언급하면서 다음 질문들을 한다.》

질문1 : "(   )는 다음에 어떻게 할까요?", "다르게 할 수는 없나요?"

질문2 : "왜 그렇게 하지?"

질문3 : "또 다른 방법은 없나요?"

《반응들을 채점표에 모두 기록하고 다음 단계로 진행한다.》

반응평가 단계에 관한 질문입니다.

《앞 단계에서 반응한 대답을 언급하면서 다음 질문들을 한다.》

질문1 : "(   )가 그렇게 하면(앞 단계에서 학생이 선택한 전략), 어떻게 될까요?"

(전략-결과 관계 인식)

질문2 : "( )가 다르게 하면(앞 단계에서 학생이 선택한 전략과 반대되는 전략), 어떻게 될까요?" (전략-결과 관계 인식)

질문3 : "(   )가 (앞 단계에 학생이 선택한 전략) 것보다는 먼저 왜 그랬는지 물어 보는 것이 좋은데 왜 그렇게 하지요?"(상위 전략 선택)

실행에 관한 사항입니다.

이 단계에서는 가설적인 상황이 아니고 실제 갈등 장면에 직면하게 하고 학생의 사회적 반응을 관찰하여 평가한다.

> **대상학생이 교실에서 글을 쓰고 있고,**
> 뒤에서 반 친구 한 명이 몰래 쓰고 있는 연필을 빼앗아 보게 하
> 였다.

《사회적 반응과 정서적 반응을 각 각의 채점표에 점수를 기록하
고 종료한다.》

〈부록 4〉

사회적 정보처리 능력 채점표

학생 이름 :　　　　　　　　　　부적응(적응) 유형:

학교명 :　　　　학년　　반　　검사자 :

※ 각 단계별 질문에 대한 반응을 다음 채점표의 점수 난에 기록
하고 점수 판단이 어려운 경우 반응 내용을 빈난에 자세히 기
록하세요.

1. (적대적 상황, 애매한 상황, 호의적 상황)
2. (생일초대 받기, 비디오 같이 보기, 공놀이 같이 하기, 친구가 뒤
   에서 부딪쳤다, 뒤에서 고의로 밀기, 청소해주다 옷 젖기)
   (1, 2, 3 각 번호에 해당되는 상황과 장면에 ○ 하세요)

1: 부호화 단계

정보처리 반응평가(해당 반응 난에 구체적으로 기록)

배점	배점기준	반응 예
1점	막연한 내용	
2점	부분적인 내용	
3점	전반적인 내용	
4점	핵심이 들어간 내용	

* 그 외 기준에 없는 반응은 자세히 기술해주세요.

2 : 해석 단계

정보처리 반응평가

배 점	배점기준	반응 예
1점	일반적인 상황에서도 고의와 우연을 구분하지 못하고 상황 단서를 찾지 못함 단순한 행동 진술의 반복, 자기경험이나 직감적 진술	
2점	일반적인 상황에서는 의도를 구분하지만 (질문2-4)장면에서는 상황 단서를 찾지 못하여 어느 한쪽으로 해석	
3점	상황 단서를 찾지만, 상황해석에 이용하지 못하여(질문3) 의도를 정확하게 해석하지 못하고(질문1) 의도적인 것으로 해석(질문3)	
4점	의도를 구분하고 상황 단서를 해석에 이용하여 객관적인 것으로 해석	

* 그 외 기준에 없는 반응은 자세히 기술해주세요.

3 : 반응접근 단계

정보처리 반응평가

배 점	배점기준	반응 예
1점	민 것에 대한 반사적 반응(질문1) 전략 선택 이유가 없음(질문2)	
2점	전략 지식이 한정되어 있고 상황을 고려하지 않은 전략 선택(질문1). 전략 선택 이유는 있으나 일반적인 전략 사용 이유이고(질문2), 장면과 관련이 없이 본인이 일방적으로 사용하던 전략임	
3점	상황에 적절한 전략 지식은 있으나 자신이 선호하는 전략을 선호함	
4점	여러 가지 전략을 알고 있고 (질문2), 상황에 적절한 전략을 선택함	

* 그 외 기준에 없는 반응은 자세히 기술해 주세요.

4 : 반응평가 단계

정보처리 반응평가

배 점	배점기준	반응 예
1점	전략에 따라서 결과가 다름을 모름(질문1, 2). 단계3에서 전택한 전략에 변화가 없음(질문3,4)	
2점	전략에 따라서 결과가 다름을 인식하지만 (질문1,2), 전략-결과 간의 관계가 잘못됨	
3점	전략에 따라서 결과가 다름을 인식하고 전략-결과 간의 관계를 바르게 알고 있지만, 전략 사용 방법상의 문제로 낮은 전략을 고수함(질문4)	
4점	전략에 따라서 결과가 다름을 인식하고 전략-결과 간의 관계를 바르게 파악. 전략 사용 방법상의 문제를 알고 있고 (질문4) 상위 전략을 선택함	

* 그 외 기준에 없는 반응은 자세히 기술해 주세요.

5 : 실행단계

정보처리 반응평가

배 점	배점기준	반응 예
1점	민 것에 대한 반사적 반응(질문1) 전략 선택 이유가 없음(질문2)	
2점	전략 지식이 한정되어 있고 상황을 고려하지 않은 전략 선택(질문1). 전략 선택 이유는 있으나 일반적인 전략 사용 이유이고(질문2), 장면과 관련이 없이 본인이 일방적으로 사용하던 전략임	
3점	상황에 적절한 전략 지식은 있으나 자신이 선호하는 전략을 선호함	
4점	여러 가지 전략을 알고 있고 (질문2), 상황에 적절한 전략을 선택함	

* 그 외 기준에 없는 반응은 자세히 기술해 주세요.

〈부록 5〉

사회적 정보처리 능력 채점 예시자료

1. 사회적 정보처리 예시자료

적대적 상황(생일초대하기)

정보 처리 단계	배점	배점기준	예시자료
부호화 단계	1점	막연한 내용	* 얘기해요. * 안돼요. * 생일초대.
부호화 단계	2점	부분적인 내용	* 영철이가 나를 오지 못하게 해요. * 생일에 못 갔어요. * 생일인데 초대 안 했어요. * 자기 초대 안 해서. * 민수만 왕따 시켰다. * 나만 빼고 생일파티 하려고 해요. * 영철이가 생일날 반 아이들을 초대했어요. * 친구 생일파티에 가요. * 영철이 생일파티.
부호화 단계	3점	전반적인 내용	* 생일초대에 관한 얘기인데 민수는 생일초대를 받지 못했다. * 생일초대에 애들은 다 초대했는데 나만 빼놓고 초대를 안 했다. * 친구 생일 때 나만 빼고 초대했다. * 민수가 휴게실에 앉아 있는데 영철이와 철수가 생일날 누구를 초대할까 얘기하고 있는데 민수만 빼고 초대하자고 했다. * 영철이가 생일파티에 초대받지 않았어요. * 영철이가 민수만 생일파티에 초하대지 않았다. * 영철이 생일날 민수만 초대를 못 받아서 배신감이 든다.

정보 처리 단계	배점	배점기준	예시자료
부호화 단계	4점	핵심이 들어간 내용	* 철수 생일인데 철수반 아이들은 다 초대되었는데 민수만 빠진 것을 알게 되었다. * 철수와 영철이가 소근거려서 들어보니 우리 반 아이들은 모두 생일초대를 했는데 나만 초대하지 않았다. * 친구들이 얘기하는 걸 들었는데 나만 빼고 다른 친구들을 생일에 초대했어요. * 영철이가 나만 빼놓고 우리 반 친구들을 자기 생일파티에 초대했다. * 영철이가 생일이어서 친구들을 파티에 초대했는데 민수만 빼놓고 초대를 안 했다. * 영철이가 다른 친구들과 우리 반 아이들은 다 초대했는데 민수만 초대를 안했다. 민수는 왕따다.
해석 단계	1점	일반적인 상황에서도 고의와 우연을 구분하지 못 상황 단서를 찾지 못함. 단순한 행동 진술의 반복. 자기 경험이나 직감적 진술	* 초대 안 한 것을 알고 있어요. * 잘난 척 할려고. * 기분 나빠요. * 나빠요.
해석 단계	2점	일반적인 상황에서는 의도를 구분하지만 상황 단서를 파악하는 장면에서는 상황을 파악하지 못하여 어느 한 쪽으로 해석	* 내가 미워서 오지 못하게 막아요. * 다른 친구들이 나를 초대하지 말라고 해서 초대하지 않았다. * 영철이한테 선물을 못 줘서. * 싫어서 그랬을 것 같다. * 내가 미워서 친구들은 말만하면 조용히 하라고 한다. * 왕따 당했다. * 섭섭한 일이 있어서 고의로 초대를 하지 않았다. * 민수가 혼자 노는 아이여서 초대를 하지 않았다. * 철수는 영철이에게 초대해 달라고 말을 했고 민수는 말을 안 해서 초대를 못 받은 것 같다. * 친구들이 나랑 안 놀아줘요. * 일부러 초대를 하지 않았다. 민수만 오면 떠들고 방해되니깐.

정보 처리 단계	배점	배점기준	예시자료
해석 단계	3점	상황 단서를 찾지만 상황해석에 이용하지 못하여 의도를 정확하게 해석하지 못하고 고의적인 것으로 해석	* 민수가 뭘 잘못해서 생일초대를 못 받은 것 같다. * 민수가 똑똑하지 않아서 다른 친구들에게 방해될까봐 초대하지 않았다. * 같은 반 다른 친구들은 영철이에게 잘 대해 주었는데 나는 그렇지 않아서. * 나쁘게 굴어서 초대를 못 받은 것 같다. * 나만 빼고 초대한걸 보니까 내가 뭘 잘못한 것 같다. * 자기가 좋아하는 애들만 초대했다. * 영철이가 민수를 싫어하고 따돌리려고 하는 것 같다. * 전에 나랑 싸운적이 있어서 초대하지 않은 것 같다. * 영철이가 민수를 싫어해서 다른 아이들만 초대했다. * 평소에 애들한테 잘해주지 않아서 그랬을 것이다.
해석 단계	4점	의도를 구분하고 상황 단서를 해석에 이용하여 우연적인 것으로 해석	* 영철이에게 사정이 있었을 것이다. * 이해할 수 있어요.
반응 접근 단계	1점	반사적 반응 전략 선택 이유가 없음	* 삐져서 그냥 가요. * 영철이가 야단치고 때려요. * PC방에 가서 시간 때운다. * 그냥 집에 가요.

정보 처리 단계	배점	배점기준	예시자료
반응 접근 단계	2점	전략 지식이 한정되어 있고 상황을 고려하지 않은 전략 선택. 전략 선택 이유는 있으나 일반적인 전략 사용 이유이고 장면과 관련이 없이 본인이 일상적으로 사용하던 전략임	* 같이 안 놀아줘서 절교한다. * 너무 속상해서 영철이랑 같이 놀지 않을 거다. * 나도 친구 불러서 생일파티 할 때 엄마가 집에서 맛있는 것 해 준다고 했다. * 선생님이나 어른들에게 부탁한다. * 다른 친구들과 섞여서 생일집에 맛있는 것 먹고 온다. * 애들은 내 편으로 만들어서 똑 같은 상황을 만든다. * 내 생일에 똑같이 복수해 준다. * 왜 난 초대 안했느냐고 따진다. 직접적으로 말하거나 폭탄 메일을 보낸다. * 나 혼자 집에 가서 컴퓨터 오락할 거예요. * 그곳에 가고 싶지 않고 오라고 해도 가지 않는다. * 나도 생일집에 간다. 친구들이 왜 왔느냐고 하면 나는 왜 초대 안했느냐고 따지고 아무 소리 안하면 같이 묻혀서 논다.
반응 접근 단계	3점	상황에 적절한 전략은 있으나 자신이 선호하는 전략을 선호함	* 철수가 초대를 안 해주니 다른 아이들과 놀던가, 집에 가서 TV보며 혼자 논다. * 초대해 달라고 하면서 같이 논다. * 앞으로 영철이에게 잘해 주고 친하게 지낼 거다. * 친구가 깜빡하고 말 안했으니까 내가 가서 말하면 '미안해' 하고 초대해줄 거다 * 앞으로 나쁘게 안 할 거다. * 영철이한테 전화해서 맛있는 것을 먹고 싶으니까 가도 되냐고 물어보고 맛있는 것이 있으면 싸 가지고 온다. * 생일초대 누구누구 했냐고 물어보고 내 이름이 빠졌으면 딴반 아이들이랑 논다. * 친구들을 내 편으로 만든 후 영철이도 나에게 잘하도록 만든다 * 나는 왜 초대 안 했느냐고 물어보고 일부러 그랬다고 하면 그냥 무시하고 만다. 나쁜 감정으로 싸우면 싸움이 커질 수도 있으니까 그냥 가고 나도 영철이를 무시한다. * 선물 사가지고 가서 놀다 올 거예요. * 나중에 내 생일날 영철이를 초대하지 않을 거예요.

정보 처리 단계	배점	배점기준	예시자료
반응 접근 단계	4점	여러 가지 전략을 알 고 있고 상황에 적절 한 전략을 선택함	* 초대하지 못한 이유가 있었을 것이므로 신 경쓰지 않고 그냥 예전처럼 잘 지낸다. * 나도 초대해 달라고 말해요. * 기분 나빠서 생일초대 안 한 아이를 때리고 싶지만 부모님한테 일러줄까봐 그냥 참는다. * 왜 싫어하는지 이유를 묻고 서로 감정을 푼다. * 민수를 싫어하는 영철이에게 앞으로 더 잘 해줘서 친해지고 싶다. * 그동안 못해줬던 것들 앞으로는 잘해주고 잘 지내고 싶다. * 나중에 영철이에게 과자를 사주면서 왜 난 초대 안했는지 묻고 싶다. * 그냥 학교에서 생일선물을 준다.
반응 평가 단계	1점	전략에 따라서 결과 가 다름을 모름. 단 계3에서 선택한 전 략에 변화가 없음	* 나빠요. * 몰라요. * 몰라요 생각해 보지 않았어요. * 서운하다. * 오락하면 재미있어요.
반응 평가 단계	2점	전략에 따라서 결과 가 다름을 인식하지 만 전략-결과 간의 관계가 잘못됨	* 절교한다고 해요-초대할 거예요. * 화내요. 겁줘요-초대하게 되겠지요. * 싸우면 문제 풀린다. * 아이들이 내게로 많이 모이면 자연스럽게 영철이도 내게 다가오게 될 거다. * 나중에 복수할 걸 생각하면 괜찮다. * 피하면 되요. 관심을 주지 않으면 손해 볼 것 없다.

정보 처리 단계	배점	배점기준	예시자료
반응 평가 단계	3점	전략에 따라서 결과가 다름을 인식하고 전략 결과 간의 관계를 바르게 알고 있지만, 전략 사용 방법사의 문제로 낮은 전략을 고수함	* 철수가 사과하기 전까지는 나도 말 안 할 거다. * 엄마한테 얘기해서 혼내준다. * 내가 잘해 주면 영철이도 나에게 잘 해줄 거다. * 내가 초대해 달라고 말해도 아마 초대 안 해 줄 거다. * 애들 때리고 친하지 않아서 그렇다고 하지만 기분 나쁘다. * 따지고 말을 해도 화가 가라앉지 않을 거다. * 따져 물으면 영철이가 장난이라고 말할 거다. * 싫어하겠지만 그래도 선물 주고 놀다보면 재미있을 거다.
반응 평가 단계	4점	전략에 따라서 결과가 다름을 인식하고 전략-결과 간의 관계를 바르게 파악. 전략 사용 방법상의 문제를 알고 있고 상위 전략을 선택함	* 나도 껴달라고 부탁하면 초대해 줄 것 같다. * 영철이도 나랑 잘 지낼 거다. * 좋게 말하면 초대해 줄 거다. * 앞으로 내가 잘해주면 초대해 줄 거다. * 감정을 풀고 서로 사이좋게 지낼 거다. * 민수가 영철이에게 잘해줘서 친해지게 되면 아이들이 민수에 대한 나빴던 생각이 좋게 바뀌니까 민수를 잘 따라줄 것 같다. * 내가 잘해주면 영철이도 잘해줄 것이고 사이가 좋아지게 될 거다. * 내가 생일 선물을 주면 영철이가 좋아할 것 같아요.

애매한 상황(비디오보기)

부호화 단계	1점	* 내가 비디오를 보니깐 영철이가 혼내요. * 안 보여줘서 싸우려고 한다. * 비디오 * 비디오 안 봐요.

부호화 단계	2점	* 만화를 보자고 했어요. * 같이 보자고 했어요. * 제일 친한 친구 둘이서만 보고 싶어 한다. * 비디오를 갖고 왔는데 나만 빼고 보려고 해요. * 비디오 사건.
부호화 단계	3점	* 민수가 좋은 비디오를 가지고 와서 바로 옆에 있는 친구에게는 같이 보자고 말하면서 다른 옆에 있는 친구에게는 같이 보자고 얘기하지 않았다. * 다른 친구한테만 보자고 하고 나는 신경을 안 써요. * 영철이가 나에겐 말을 하지 않고 철수에게만 재밌는 비디오를 보자고 했다. * 영철이가 학교에 비디오를 가지고 와서 민수한테 같이 보자고 얘기를 안했어요.
부호화 단계	4점	* 영철이가 재미있는 비디오테이프를 가지고 와서 철수에게는 같이 보자고 하는데 민수에게는 같이 보자고 말하지 않았다. 민수도 그 비디오를 보고 싶어 했다. * 영철이가 비디오테이프를 철수랑만 같이 보자고 하고 나하고는 안 본다고 했다. * 영철이가 만화 비디오테이프를 철수에게만 같이 보자고 하고 나에게는 같이 보자고 말하지 않았다. * 친구가 옆 친구에게는 비디오 같이 보자고 하는데 나에게는 말을 하지 않는다 나도 보고 싶은데. * 영철이가 비디오를 가지고 와서 철수한테는 보자고 얘기하는데 그 옆에 있던 민수에게는 함께 보자고 얘기 안했다. 민수도 보고 싶어 하는데. * 영철이는 나를 싫어하는지 나에게는 비디오를 같이 보자고 하지 않고 철수에게만 같이 보자고 한다. * 영철이가 옆의 친구 철수에게는 비디오 같이 보자고 하는데 민수에게는 같이 보자고 하지 않았다. * 영철이가 재미있는 만화테이프를 가지고 와서 바로 옆에 있는 친구인 철수한테만 같이 보자고 말하고 나도 바로 옆에 있었는데 보고 싶었는데 같이 보자는 말을 안 했다.

해석 단계	1점	* 영철이가 나랑 같이 있으면 창피하다고 해요. * 내가 못 생겨서 비디오를 안 보여줬어요. * 그 마음을 제가 어떻게 알아요. * 친구들이 안 놀아줘요. * 비디오 본 친구들이 이상할 것 같아요. * 내가 옆에 있는지 몰라서 같이 보자고 말하지 않았다.
해석 단계	2점	* 깐죽거려서 고의로 보여주지 않았다. * 나를 싫어해서 그랬을 거다. * 보여주기 싫어서요. * 데려가기 싫으니까. * 나에게 좋지 않은 감정이 있는 것 같다. * 영철이랑 싸웠던가 원래 사이가 안 좋아서 같이 보자고 하지 않았다. * 영철이가 철수랑 먼저 약속을 한거라서 민수에게는 말을 안 했을 거다. * 보여주기 싫어서요. * 영철이가 나에게 삐져서 안 보여주는 거다. * 저랑 같이 보기 싫어서요.
해석 단계	3점	* 나보다 그 친구가 더 친하니까, 그 친구에게는 같이 보자고 하고 나에게는 같이 보자고 하지 않았다. * 저랑 싸워서. * 친하지 않아서 같이 보자고 안 했다. * 내 주위에 있는 친구들을 영철이가 자기편으로 만들려고 한다. * 친하지 않아서 말하지 않았을 거다. * 철수랑 더 친해서 그랬을 거다.
해석 단계	4점	* 철수가 민수보다 더 친하거나 철수가 영철이에게 잘해줘서 철수에게 먼저 비디오 같이 보자고 말했을 것 같다. * 영철이가 아마 그 비디오를 내가 본 줄 알고 나에게 말을 안 한 것 같다. * 나에게 안 좋은 감정이 있거나 서운했던 적이 있는 것 같다.
반응 접근 단계	1점	* 운다. * 그냥 가만히 있어요.

반응 접근 단계	2점	* 다른 비디오를 빌려서 볼 거다. * '너 뭐라고 얘기했어? 아니야 솔직히 말해 비디오 보는 거 얘기했지?' 하면서 좀 싸우고 같이 보자고 해서 같이 본다. * 싸가지 없어서 죽이고 싶다. * 치사하게 보여달라고 하지 않고 그냥 집에 가서 TV본다. * 왜 나만 빼느냐고 따진다. * 비디오 안 봐도 되니까 무시하고 만다. * 나는 비디오 보기 싫으니깐 안 봐요. * 나를 빼고 비디오 본 친구들을 싫어할 거예요. * 그냥 집에서 혼자 빌려본다. * 내가 가서 미안하다고 사과한다. * 그냥 따라가서 같이 보거나 다른 비디오 빌려서 다른 친구랑 봐요.
반응 접근 단계	3점	* 왜 나한테는 안 물어보니? 하고 물어본다. * 같이 보자고 계속 말할 거예요. * 나도 비디오를 빌려와서 다른 친구들은 보여주고 영철이는 안 보여 줄 거다. * 쫓아가면서 계속 보여달라고 조른다. * 더 재밌는 비디오를 구해서 다른 친구들에게 보면서 아이들에게 인 기를 끌어서 영철이가 나한테 친해지도록 하겠다. * 친구에게 비디오를 빌려달라고 해서 안 빌려주면 엄마에게 돈달라고 해서 나도 똑같은 것을 빌려본다. * 같이 보자고 하지 않아도 옆에 가서 조용히 본다.
반응 접근 단계	4점	* 영철이가 옆에서 말했기 때문에 철수와 영철이가 얘기하고 있을 때 나도 함께 끼어들어서 얘기한다. * 나도 보고 싶으니 보여달라고 말한다. * 영철아 나도 안 본건데 나도 보면 안 되냐고 물어본다. * 영철이와 철수는 친한 사이라고 생각하고 나랑은 친하지 않아서 비 디오를 보러 가자고 얘기를 않았지만 내가 먼저 얘기도 하고 하면 친하게 지낼 수 있을 거다. * 나도 보고 싶으니까 같이 보자고 해요. * 친하게 지내도록 다가가 본다. 성격이 맞는지 안 맞는지 잘 살펴본다. * 화를 내면 안 되고 친구니깐 사이좋게 같이 놀자고 한다. * 영철이에게 먼저 다가가서 화해를 하고 영철이에게 좀 더 잘해주고 웃으면서 같이 논다. * 내가 더 재미있는 비디오를 빌려가서 영철이한테 먼저 같이 보자고 말할 거다.

반응 평가 단계	1점	* 몰라요. * 똑같아요. * 생각해보지 않았어요.
반응 평가 단계	2점	* 보여달라고 하는데 안 보여주고 깐죽거리면 패주면 된다. * 혼자 비디오 보고 놀아도 재미있으면 된다. * 무시하고 생각 안 한다. * 친구가 싫어해도 내가 보고 싶은 것을 봐서 괜찮다. * 혼자 봐도 재미있을 거예요. * 엄마보고 비디오 보여달라 해요.
반응 평가 단계	3점	* 영철이가 미안하다고 사과하고 친하게 지내요. * 더 사이가 안 좋게 되겠죠. * '네가 뭔데 매가 보는데 죽어! 라고 해' 하면서 싸우다 서로 미안해 한다. * 조르면 보여주겠죠, 안 보여주면 말고요. * 무시하면 계속 사이가 안 좋은 상태로 지낼 거다. * 내가 먼저 사과하면 영철이도 미안해져서 비디오를 보여줄 것이다.
반응 평가 단계	4점	* 끼어들어서 함께 얘기할 때 정말 내가 싫어서 그랬으면 영철이가 말 을 하다 멈출 것이고 그게 아니면 함께 얘기하고 비디오도 보여줄 것이니 좋다 * 같은 반 친구끼리니 보여달라고 하면 보여줄 거다. * 친하게 되면 나에게도 보여줄 거라고 생각하니 기분이 괜찮아진다. * 보고 싶은 것 봤으니 좋아요. * 기회가 되서 성격이 잘 맞으면 친하게 지낸다. 성격이 안 맞으면 더 이상 신경 쓰지 않는다. 나도 자존심이 있으니깐. * 영철이도 나에게 잘해줄 거다. * 친구가 빌려줘서 보게 될 거나 엄마가 준 돈으로 빌려 볼 수 있어서 괜찮다. * 영철이도 민수와 같이 친하게 지내자고 응할 것 간다. * 내가 먼저 재미있는 것을 영철이에게 보여주었기 때문에 영철이가 좋아할 것이고 앞으로 나에게 잘 해줄 것 같다.

호의적 상황(공놀이 같이하기)

부호화 단계	1점	* 축구한다. * 공놀이. * 같이 공놀이 하다가 철수가 공부한다고 했어요.
부호화 단계	2점	* 영철이가 애들을 두고 교실로 들어갔다. * 철수와 영철이가 공놀이하고 있는 걸 보고 나도 공놀이하고 싶어서 갔는데 넌 빠져하고 영철이가 말해요. * 영철이와 철수가 공놀이 하는데 갑자기 종쳐서 나는 한번도 못하고 교실로 갔다. * 나만 빼고 공놀이를 하고 있다가 나를 피하려고 하는 것 같아요. * 축구 안 끼워주어서 나빠요. * 쉬는 시간에 운동장에서 민수랑 놀다가 종이쳐서 교실로 들어갔어요. * 나는 운동장에 있는데 친구들은 공부한다고 들어갔어요.
부호화 단계	3점	* 영철이 철수가 쉬는 시간에 축구를 하고 있었는데 민수가 그것을 보고 막 달려갔는데 영철이가 종 쳤다고 둘이 교실에 들어가고 민수는 혼자 있어요. * 영철이와 철수가 공놀이하고 있다가 내가 끼어드니깐 '공부시간이다'그러면서 교실로 들어가요. * 쉬는 시간에 운동장에서 영철이와 철수가 공놀이를 하고 있었는데 나만 빼고 교실로 가버렸어요. * 친구들이 공놀이 하다가 공부시간이다 하면서 들어갔어요. * 아이들이 공놀이를 하고 있을 때 나도 하고 싶은 맘에 같이 하자고 했는데 어떤 이유에선지 아이들이 공부한다고 교실로 들어갔다. * 쉬는 시간에 철수랑 영철이가 운동장에 가서 공놀이를 하고 있는데 민수가 시켜 달라고 하니까 친구가 종쳤다고 하며 교실로 가야 한다고 말했다.
부호화 단계	4점	* 영철이 철수가 공놀이 하고 있는 것을 보고 민수가 뛰어 갔는데 수업시간이 다 되었다고 그냥 들어갔다. * 공놀이를 같이 하려고 아이들에게 갔는데 공부시간이 됐다며 교실로 들어가 버렸다. * 쉬는 시간에 영철, 민수가 공놀이를 하고 있는데 나도 하고 싶어서 그러는데 무시하고 수업시간이라고 하면서 교실에 갔다. * 영철이와 철수가 공놀이를 할 때 민수가 용기를 내서 같이 놀자고 했는데 공부시간이 되어서 아이들이 교실로 들어갔다.

해석 단계	1점	* 수업시간이니깐 나한테 공 차러 오지 말라고 해요. * 일부러 그런 것 같지 않아요. * 만만하게 보고 일부러 그랬다. * 친구들이 공부한다고 들어갔어요. * 나를 혼자 놔두고 간 것이 미워서 미칠 것 같아요.
해석 단계	2점	* 민수랑 놀기 싫어서 그랬다. * 시켜주기 싫어서. * 종이 쳐서 교실로 들어 간 것이지 일부러 그런 것은 아니다. * 나만 빼고 해서 억울해요. * 수업시간 다 되어도 끼워주어야 하는데 싫어하니까 안 끼워주었다. * 나랑 안 놀려고 일부러 그랬다. * 나에게 섭섭한 게 있나 봐요. * 나랑 친하지 않아서 일부러 그랬다.
해석 단계	3점	* 수업시간이 다 되었으면 들어가야죠. * 공부시간이래서 공놀이를 못했어요. * 같이 공놀이 할려고 했는데 그렇게 말해서 재수 없어요. * 공부시간이니까 들어갔지만 기분이 상하다. * 은근히 따를 시키고 있다. 직접적인 왕따가 아닌 은따를 만들고 있다. * 일부러 나를 따를 시키려고 한다. * 수업종이 쳐서 그랬지만 그래도 일부러 그런 것 같아서 화가 난다.
해석 단계	4점	* 영철이는 원래 종치기 10분 전에 수업 준비를 하거던요. 그래서 그럴 거예요. * 공부시간이 시작되니깐 들어간 거지 다른 뜻은 없어요. * 수업시간 다 되었으니까 들어가야죠. 노는 건 점심시간 때 놀면 된다. * 수업시간이 다 되었으니까 교실에 올라가야 하는 상황이니까 가야죠. * 수업시간이어서 어쩔 수 없다고 생각하지만 교실에 가면 '다음에 같이 하자'는 말을 할 수 있는데 영철이가 안 한 것이 서운하다.
반응 접근 단계	1점	* 혼내요. * 몰라요. * 좋아요.

반응 접근 단계	2점	* 다른 친구와 놀 거예요. * 계속 놀자고 해요. * 그냥 있지요. * 종이 쳤으니까 교실로 들어가서 공부하고 나중에 공놀이하면 된다. * 그 아이들과 안 놀고 다른 아이들과 놀 거다. * 왜 안 시켜주느냐고 따진다. * 무시한 이유를 따지고 폭탄메일을 지칠 때까지 보낼 거다. * 선생님한테 다 얘기한다. * 나를 싫어하니깐 놀기 싫어요. * 그냥 사이좋게 놀아요. * 정말 영철이가 날 싫어하는지 계속 따라 다닌다. 영철이가 날 피하 면 날 싫어하는 것으로 생각하고 왜 그러냐고 따진다.
반응 접근 단계	3점	* 나중에 따져볼 거예요. * 가서 직접적인 이유를 묻거나 똑같은 상황을 만들어 영철이를 은 따로 만들 거다. * 다른 아이들 데리고 공놀이 할 때 영철이가 껴달라고 하면 껴주지 않는다. * 복수했다고 느낀 후에 친하게 지낸다.
반응 접근 단계	4점	* 수업시간이 다 되었으니 교실에 들어가서 수업을 하고 쉬는 시간 에 철수와 영철이에게 함께 축구하자고 할 거다. * 나중에 같이 놀자고 한다. * 수업 끝나고 같이 축구하자고 말해요. * 영철이에게 다음에 같이 하자고 말을 한다. * 다음시간에 같이 공놀이하자고 하면 같이 할 거다. * 다음 쉬는 시간에 같이 하자고 말한다. * 영철이에게 다음에 '우리 같이 공놀이 할래?' 하고 먼저 말을 한다.
반응 평가 단계	1점	* 공놀이 하면 되요. * 자기가 좋아하는 쪽으로 해요. * 몰라요. * 생각해보지 않았어요.

반응 평가 단계	2점	* 하지 못하게 해서 기분이 안 좋아요. * 혼내주면 되요. * 친구가 뭐라고 할지 잘 모르겠다. * 둘 사이가 더 나빠지겠지요. * 수업 끝나고 같이 놀자고 해도 안 놀아줄 것 같다. 수업 끝나면 시간이 없어서. * 따라 다니고 따져서 영철이와 사이가 더 멀어질 것 이다.
반응 평가 단계	3점	* 다른 친구와 재미있게 놀면 괜찮다. * 말 안 하면 되지요. * 따지면서 싸우면 되겠죠. * 영철이가 친구가 없다고 느끼고 나에게 잘 해줄 거다. * 선생님에게 다 얘기하면 좀 나아질 거다.
반응 평가 단계	4점	* 같은 반 친구들이니까 다음 쉬는 시간에 함께 축구하자고 하면 함께 할 거다. * 나중에 같이 놀자고 하면 같이 놀 거다. * 수업시간이 다 되어서 같이 축구를 못했는데 나중에 같이 하자고 영철이가 먼저 말할 거다. * 수업 끝나고 같이 공놀이하게 될 거니 괜찮다. * 나에게 다가와 같이 놀자며 사과할 거다. * 같이 공놀이 하면 괜찮죠. 그런데 같이 공놀이 안 해주면 일방적으로 당하는 것이니까 더 화가 나겠죠. * 같이 하자고 하면 같이 할 거다. 그런데 싫다고 한다면 아마 못할만한 사정이 있었을 것이니 할 수 없다. * 영철이도 민수의 말에 같이 놀자고 하며 승낙을 할 거다.

애매한 상황 (뒤에서 부딪힘)

부호화 단계	1점	* 영철이가 뛰다가 밀어서 아파요. * 다쳤어요. * 아파요.

부호화 단계	2점	* 뒤로 와서 확 밀쳤어요. * 민수랑 얘기하고 있는데 영철이가 밀고 도망갔다. * 먼저 부딪치고 막 뛰어 갔어요. * 밀었어요. * 친구가 부딪쳤어요. * 탁 치고 도망갔어.
부호화 단계	3점	* 영철이가 나와 부딪쳤는데 그냥 막 달려간다. * 나를 밀었는데 사과도 안하고 그냥 가버렸다. * 나랑 부딪쳤는데 모르고 그냥 달려가고 있다. * 영철이가 부딪치고도 뛰어갔다.
부호화 단계	4점	* 민수가 앞으로 걸어가고 있었는데 영철이가 민수를 치고 가는 바람에 민수는 엎어질 뻔했고 영철이는 계속 앞으로 뛰어가고 있다. * 내가 지나가고 있는데 저랑 부딪쳤는데 그냥 가버렸어요. * 민수가 복도를 걸어가고 있었는데 영철이가 복도를 달려와서 민수를 치고 계속 달려갔다. 민수는 넘어질 뻔했다. * 영철이가 급한 일이 있어 뛰어가다가 나를 부딪혔는데 내가 다칠 뻔 했지만 바쁜 상황이라 그냥 지나쳤다. * 복도를 걸어가는데 영철이가 급하게 뛰어가다가 나랑 부딪쳤는데도 사과하지 않고 그냥 갔다. * 민수가 복도를 걸어가는데 영철이가 민수를 뒤에서 치고 도망갔다. * 민수가 복도를 가는데 영철이가 민수를 밀어서 넘어질 뻔했어요. * 민수가 복도를 걸어가고 있는데 영철이가 어떤 일이 있어서 민수를 부딪치고 갔는데 영철이가 민수를 생각하지도 않고 그냥 갔다.
해석 단계	1점	* 일부러 그런 것 같아서 싫어요. * 친구가 밀어서 나빠요. * 그냥요. * 몰라요.
해석 단계	2점	* 철수을 쫓아가다가 그랬다. * 나랑 철수가 얘기를 하니까 밀고 뒤 따라 올까봐 뛰어 갔어요. * 골탕을 먹였으니까 자기를 밀어서 재미있으려고. * 동생이 어느 선배한테 맞고 있거나 엄마가 돌아가시기 직전이었을 것이다. * 내가 싫어서 일부러 그랬다.

해석 단계	3점	* 영철이가 저한테 일부러 장난친 거 같아요. * 평소 때 감정이 안 좋아서 실수처럼 부딪치고 그냥 갔다.
해석 단계	4점	* 영철이가 모르고 친 것 같다. * 영철이가 바빠서 내가 앞에 있는 줄 모르고 치고 갔다고 생각한다. * 시간이 없거나 바빠서 그랬을 것이다. * 그냥 모르고 치고 간 것 같다. * 바빴을 것 같아요. * 바쁘니까 실수로 그랬다. * 바쁘니까 치고 갔겠지만 기분은 안 좋다. * 일부러 밀치게 아니라 바쁜 상황이라 실수로 그런 거다. * 실수로 밀게 되었다. * 무슨 급한 일 때문에 그랬을 것이다. * 모르고 한 것 같다. * 선생님이 불러서 갔거나 친구가 잡으러와서 급해서 그랬다.
반응 접근 단계	1점	* 몰라요. * 야 너 거기 안서! * 영철이를 잡으러 간다. * '야! 조심해'라고 소리친다.
반응 접근 단계	2점	* 그냥 가요. * 앞으로 말 안할 것예요. * 쳤으면 미안하다고 해야지 하고 따진다. 뭐라고 종알거리면 패버린다. * 가서 왜 치고 가냐고 하면서 한 대 때리고 만다. * 나중에 한가할 때 따라 불려서 사과하게 한다. 끝까지 사과를 안 하면 사람 취급을 안 한다. * 싫어서 아는 척도 안 한다.
반응 접근 단계	3점	* 왜 밀었는지 가서 물어보고 사과를 받는다. * 쳤으니까 사과하라고 한다. * 상황이 바쁜 건 이해하지만 사과는 해야 한다. 미안하다고 말할 때 까지 쫓아다닌다. 끝까지 사과를 안 하면 한 대 때린다. * 아는 사이라면 급한 상황을 이해하지만 사이가 안 좋은 사이라면 일부러 그랬는지 물어보고 심할 경우 싸울 수도 있다. * 뒤따라가서 부딪쳤는데 왜 아무 말 안하고 그냥 가느냐고 따진다. * 안 다쳤기 때문에 나중에 왜 그랬냐고 물어보려다 안 물어본다.

반응 접근 단계	4점	* 만나면 치고 간 날 무슨 일이 있었는지 물어본다. * 영철이를 만나면 '왜 날 밀쳤어?'라고 물어본다. * 어쩔 수 없는 상황이므로 이해하고 넘어간다. * 그냥 웃고 이해해야죠. * 바빠서 그런건데 신경 안 써요. * 친구가 모르고 그런 것 같으니까 그냥 조용히 있을 거다. * 다음부터 그러지 말라고 말해요. * 영철이에게 '너 그때 왜 나한테 미안하다는 말도 안하고 그냥 갔냐?' 하고 물어 볼 것이다. * 무슨 일이 있었는지 물어보고 얘기를 들으면서 마음을 결정할 것이다. 만약에 그렇게 급한 상황이 아니었더라도 그렇게 심하게 화내지 않을 거다.
반응 평가 단계	1점	* 미워요. * 싫어요. * 몰라요. * 넘어져요.
반응 평가 단계	2점	* (때려줌. 싸움. 피함)다음엔 안 그럴 거라고 생각해요. * 내가 '가는 사람 왜 밀어' 하면 영철이가 계속 놀리고 싸우려고 할 것 같아요.
반응 평가 단계	3점	* 사과를 하면 사이좋게 지낼 거다. * 내가 잘못했다고 하고 가만히 맞고 있을 거다. * 생각이 있는 아이라면 내 말에 사과를 하게 될 거고 그 후에 친하게 지낸다. * 싸우면서 스트레스를 풀어서 좋다. * 친구가 먼저 사과를 하면 이해하고 넘어가지만 발뺌하면 한 대 때려서 기분을 푼다. * 내가 자꾸 따지니까 영철이가 아무 말 안하고 무시할 것 같다.

| 반응
평가
단계 | 4점 | * 바쁜 일이 있어서 그랬다고 하면 그냥 넘어가고, 장난이라고 하면 그냥 장난으로 받아들이므로 기분이 나쁘지 않다.
* '미안 장난이야!'라고 영철이는 말하면 오해하지 않게 되어서 좋다.
* 기분은 좀 나쁘지만 시간이 지나면 괜찮아질 거다.
* 가서 사과하라고 하면 미안하다고 할 거예요.
* 친구한테 다음부터 조심히 다니라고 말하면 친구가 알았다고 말할 거다.
* 영철이에게 치고 간 상황을 말하면 사과 할 것 같다. 그런대 그 상황을 모르 고 있으면 '왜 그런 말을 해?' 하면서 화를 낼 것 같다.
* 영철이도 고의로 친 것이 아니라고 말할 거다. |

적대적 상황 (뒤에서 고의로 밀기)

부호화 단계	1점	* 영철이가 막 뛰어와서 주먹으로 얼굴을 쳐서 내 얼굴에 멍이 들었어요. * 다쳤어요. * 엄청난 사건.
부호화 단계	2점	* 철수가 나를 밀었어요. * 영철이가 나를 쳤어요. * 계단을 하고 있는데 다른 친구가 와서 밀어서 기분이 나빴다. * 그냥 걷고 있는데 영철이가 달려와서 꽈당 하고 넘어질 뻔했다. * 친구가 저를 장난으로 밀고 도망갔어요. * 밀고 장난쳐서 싸우게 되었다. * 밀었어요.
부호화 단계	3점	* 걸어가는데 영철이가 밀치고 지나갔다. * 민수, 철수가 얘기하면서 가고 있는데 뒤에서 영철이가 민수를 밀었다. 그래서 민수가 넘어졌다. * 영철이가 장난으로 나를 몰래 밀어서 앞으로 넘어질 뻔했다. * 친구가 뒤에서 밀었어요.

부호화 단계	4점	* 민수, 철수가 같이 걸어가고 있었는데 영철이가 밀어서 민수가 넘어질 뻔했다. * 민수와 얘기하고 있는데 영철이가 나를 밀고 가서 다칠 뻔했다. * 친구랑 걸어가고 있는데 다른 친구가 와서 밀었어요. * 철수와 얘기를 하며 교실을 가고 있는데 영철이가 장난으로 밀치고 도망가서 넘어질 뻔했다. * 민수와 철수가 얘기하면서 걸어가고 있는데 영철이가 뒤에서 몰래 밀어서 민수가 넘어질 뻔했다. * 민수가 친구랑 복도를 가는데 다른 친구가 가다가 일부러 민수를 밀고 도망가서 민수는 앞으로 넘어질 뻔했다. * 민수와 철수가 걸어가고 있는데 뒤따라오던 영철이가 밀고 도망갔다. 민수는 넘어지지는 않았다.
해석 단계	1점	* 교실에 들어가려고 뛰어갔다. * 싫으니깐요. * 덤벼요.
해석 단계	2점	* 영철이가 막 뛰어와서 부딪쳤어요. * 나를 싫어해서 밀었어요. * 영철이가 나를 밀었어요. * 민수에게 감정이 있어서 그랬다. * 장난치려고 그랬다. * 민수가 먼저 영철이의 발을 밟아서 민수를 밀치고 간 것이다. * 친구가 싫어해서 나빠요. * 친구와 놀다가 그랬다고 생각한다. * 나를 놀리려고 그랬다.
해석 단계	3점	* 전에 내가 잘못한 것이 있어서 그랬을 것이다. * 그동안 장난을 많이 친 것으로 보아 장난으로 그랬을 것이다. * 장난으로 그랬어요. * 나에게 장난을 쳤다. * 과거에 민수에게 섭섭한 일이 있어서 밀치고 갔다. * 영철이가 나쁜 아이는 아니고 내가 영철이에게 잘못한 것이 있었기에 세게 민 것 같다.
해석 단계	4점	* 민수가 안보는 사이에 영철이가 장난끼가 많아서 장난을 치고 싶으니까 민 것 같다.

반응 접근 단계	1점	* 주먹을 휘둘러요. * 나도 영철이를 밀어요. * 뛰어가요. * 친구가 나빠요.
반응 접근 단계	2점	* 다른 친구와 놀 거예요. * 뛰어가서 친구를 밀어버릴 거예요. * 달려가서 패버려요. * 욕을 잔뜩해준다. * 싸움을 못한다고 얕보기 전에 똑같이 해준다. * '왜 밀었니?' 소리친다. * 내가 먼저 잘못했다고 말하면 친구도 잘못했다고 할 것이다. * 화를 내요. * 싫어해요. * 영철이에게 앞으로 실수 안하겠다고 사과하고 화해하겠다. * 왜 미냐고 화를 내요.
반응 접근 단계	3점	* 다른 방법으로 골탕을 먹인다. 축구할 때 실수처럼 공으로 영철이를 맞힌다. * 선생님께 혼내달라고 이른다. * 용서해 주려고 했는데 친구가 미안하다고 말하지 않아서 따라가서 친구를 칠거다. * 저도 똑같이 장난으로 밀 거예요. * 사과하라고 시켜요. * 수업 끝나고 마주치면 왜 밀었냐고 따진다. * 장난으로 나도 영철이를 몰래 밀어버리거나 한 대 때리고 도망갈 거다. * 사과하라고 하고 사과할 때까지 기다린다.
반응 접근 단계	4점	* 영철이를 불러서 '야! 너 왜 밀쳤는데 미안하다고 말도 안하고 그냥 가니?'라고 말한다. * '왜 밀고 그러니?' 물어보고 다음부터는 '밀지마'라고 말한다. * 가서 심하게 장난치지 말라고 말한다. * 계속 장난을 치면 하지 말라고 타이른다. * 장난인지 아닌지 직접 가서 왜 그랬는지 물어보고 장난이면 사과를 받고 사과를 하지 않으면 똑같이 장난을 건다. * 영철이가 관심을 끌려고 한 것이기 때문에 관심을 가져준다.

반응 평가 단계	1점	* 밀었어요. * 몰라요. * 영철이가 울어요. * 화내도 친구가 몰라줘요. * 싫어할 거예요.
반응 평가 단계	2점	* 때리면 상처가 나요. * 화가 나서 나도 떠밀면 될 거다. * 영철이가 잘못했기 때문에 패도 아무 말 못할 거다. * 무시당할 것 같다. * 영철이가 선생님한테 혼나요. * 영철이를 밀면 속이 시원해질 것 같다. * 사과를 안 하면 무시하고 만다.
반응 평가 단계	3점	* 실수를 가장해서 복수를 하면 영철이는 모를 것이고 나는 기분이 좋다. * 영철이랑 안 친하게 지내요. 그러면 다음에 관심을 가지게 될 것이다. * 선생님께 이른 것을 알게 되면 서로 얘기를 안 하고 지내게 될 것이다. * 사과 받고 친하게 될 것 같다. * 사과 받으면 화가 풀릴 거예요. * 절교하면 귀찮게 하지 않을 것이다.
반응 평가 단계	4점	* 영철이가 미안하다고 사과할거 같아서 그렇게 속상하지 않아요. * 참고 있는 것보다는 '왜 밀었냐'고 묻고 나면 속은 시원할 것 같은데 만약 사과를 하지 않으면 더 기분이 나쁠 것이다. * 장난이 심하면 싸우게 되겠지만 재미있을 거다. * 계속 서로 장난을 치다 크게 싸움이 날 수도 있다. * 내가 먼저 잘못을 사과하니까 영철이도 사과하고 잘해줄 것 같다. * 내가 먼저 관심을 가져 주니까 영철와 친하게 될 것 같다.

호의적 상황(청소해주다 옷 젖기)

부호화 단계	1점	* 안돼요. * 젖어요. * 몰라요.

부호화 단계	2점	* 우유를 엎질렀다. * 공부 끝나고 청소하려고 의자 내리는데 영철이가 음료수를 흘려서 내 바지가 다 젖었다. * 영철이가 우유를 쏟았다. * 친구가 청소시간에 내 옷에 우유를 부었어요. * 청소시간에 우유가 실수로 옷에 묻었다. * 우유, 걸레, 책상. * 짝꿍이 우유를 엎질러 젖었어요.
부호화 단계	3점	* 영철이가 청소하다 책상 위 우유를 나에게 떨어뜨렸다. * 책상을 닦아주다가 실수로 우유를 제 옷에 묻혔어요. * 우유를 먹다가 남겼는데 청소시간에 청소를 하다가 그 우유가 내 옷에 떨어져 옷이 젖었다.
부호화 단계	4점	* 영철이가 청소시간에 책상을 닦아주다 먹다 남은 우유가 쏟아져서 민수 옷이 젖었다. * 영철이가 걸레로 책상을 닦다가 우유를 떨어뜨렸어요. 그래서 내 옷이 다 젖었어요. * 청소시간에 영철이가 민수 책상을 닦아주다가 먹다 남은 우유를 쳐서 엎질러져서 민수 옷이 다 젖었다. * 영철이가 민수 책상을 닦다가 모르고 우유를 떨어뜨려 민수 옷에 우유가 잔뜩 묻었다. * 청소시간이었는데 영철이가 민수 책상을 닦아주다가 먹다 남은 우유를 쳐서 민수 책상에 엎질러졌고 민수의 옷도 젖게 되었다. * 영철이가 청소하고 있는데 민수가 책상에 앉아 있었다. 민수가 먹고 있던 우유가 있었는데 영철이가 책상을 닦아주려다 우유를 넘어뜨려 바지 위에 쏟아졌다.
해석 단계	1점	* 청소 우유가 싫어요. * 친구가 우유를 엎질렀어요. * 싫어해요. * 심심해서요.
해석 단계	2점	* 골탕 먹이려고. * 재수가 없다. * 왜 우유를 남겨서 내 옷에 묻게 됐는지 짜증난다. * 내가 미워서 그랬다. * 시비걸려고 그랬다

해석 단계	3점	* 청소가 하기 싫어서 그랬다. * 싫은 감정을 그렇게 표시했다. * 일부러 감정이 있어서 실수처럼 했다.
해석 단계	4점	* 청소해 주려다 모르고 한 것이다. * 청소하다가 모르고 쏟은 것 같다. * 영철이가 실수한 것 같아요. * 일부러 했다고 생각하지 않는다. * 책상을 닦아주려다 실수로 그랬어요. * 청소시간에 청소를 해주다가 그랬다. * 민수의 책상을 닦아주려다 실수로 넘어뜨렸다.
반응 접근 단계	1점	* 때려준다. * 화낸다. * 미워한다.
반응 접근 단계	2점	* 다음부터는 우유를 책상 위에 놓지 말라고 한다. * '야! 옷 젖었잖아' 소리친다. * 싫어할 거예요. * "다음부터 그러지마, 조심해"하고 말한다. * 그냥 가만히 있는다. * 엎지른 것을 다시 제자리에 놓고 친구가 정리하도록 한다. * 나도 영철이 책상을 닦아주고 잘 해줄 거다. * 복수한다. * 엄마한테 이른다.
반응 접근 단계	3점	* 청소하려다가 실수로 우유를 쏟았지만 미안하다고 먼저 말하면 조심하라고 말하고 씻으러 가지만 아무 소리 안 하면 혹 불만 있느냐고 따진다. * 내 우유 떨어뜨렸으니깐 어서 사과하라고 한다. * 빨리 휴지 가리고 오라고 시킨다. * 옷 빨아오라고 한다. * 의류 수거함에 넣어 불쌍한 사람을 돕는다. * '휴지 있어?' 쌀쌀맞게 말하고 없으면 교무실에 가서 선생님에게 휴지 달라고 해서 닦는다. * '너도 내 입장이 되어봐라' 하고 따진다. * 사과하라고 말한다. * '너 어떻게 할래?' 하고 묻겠다.

반응 접근 단계	4점	* 청소하다 보면 흔히 있을 수 있는 일이라고 생각하고 옷에 묻은 우유나 닦아요. * 일단 냄새가 나니까 화장실에 가서 체육복으로 갈아입는다. * 그냥 휴지로 닦는다. * 친구가 실수한 것이니 참고 화장실에 가서 옷을 씻는다. * 괜찮다고 한다. * 엄마에게 혼날까봐 옷을 빤다. * 일단 옷을 닦고 집에 가서 빤다. * 영철이랑 같이 씻으러 간다. 영철이가 너무 미안해하면 '됐어' 하면서 그냥 잘 지낸다. 그러나 영철이가 '청소하다가 그랬는데 뭐' 그러면 이해해 주려다가도 화가 나서 꼭 사과를 받아야 되겠지요. * 괜찮다고 한다. 옷을 빨면 되니까. 친구에게 화내면 친구와 사이가 멀어져서 안돼요. * '괜찮아' 하면 영철이가 '미안해' 하고 평상시와 똑같이 친하게 지낼 거다.
반응 평가 단계	1점	* 제자리에 갖다 놓을 거예요. * 싫어할 거예요. * 우유 쏟았어요. * 옷젖었어요.
반응 평가 단계	2점	* (때려줌, 화냄, 말 안하면) 기분이 풀어요. * 일단 쥐어박고 사과 받는 것이 좋지요.
반응 평가 단계	3점	* 어쩔 수 없는 일이므로 참기는 하는데 기분은 별로 안 좋다. * 닦아도 기분은 별로 좋지 않다. * 혼자 닦는다. * 나중에 혼내준다. * 닦아도 냄새가 나니 화가 날 거다. * 모른척하면 괜찮아 질 거다.

| 반응
평가
단계 | 4점 | * 불만이 있으면 얘기를 들어서 좋고, 청소하다 실수로 그럴 수 있다고 이해하면 내 마음이 편하다.
* 친구가 미안하다고 사과할 거다.
* 친구니까 괜찮다고 하면 친구가 더 미안해 할 것 같다.
* 더 친하게 지내게 될 거다.
* 화는 좀 나지만 미안하다고 말하니 어쩔 수 없다.
* 착한 일 했다고 생각하니 기분이 좋다.
* 친구가 미안해하고 우리는 더 친하게 될 거다.
* 평상과 같이 친하게 지낸다.
* 서로 잘해주면 더 친해질 것 같다.
* '미안해 실수였어' 할 거다. |

· 저자 ·

김형일
(金炯一)

· 약 력 ·

대구대학교 사범대학 특수교육학과 졸업
단국대학교 대학원 특수교육전공 교육학 석사
단국대학교 대학원 특수교육전공 교육학 박사

서울정진학교, 서울정문학교 교사
교육인적자원부 국립특수교육원 교육연구사
나사렛대학교 특수교육과 교수(특수교육학부장)
한국특수아동학회 이사
한국정신지체학회 이사

· 주요논저 ·

「정신지체아의 부적응 행동에 관한 사회적 정보처리 조정 단서
  활용 효과」
「정신지체인의 직업관련 사회적 대인문제해결 능력과 훈련방법에
  대한 이론적 고찰」
「학습장애아의 사회적 행동 특성 분석을 통한 교육적 중재의 시
  사점 고찰」
「부적응아의 사회적 정보처리모형 고찰」
『특수학교 재량활동의 편성과 운영』(공저)
『개별화교육계획의 구안과 실행』(공저)
『장애학생과 비장애학생의 함께 지내는 기술지도』(공저)
『중도·중복장애아동을 위한 기능적 교육과정』(공역)
『중도·중복장애학생의 통합교육론』(공역)
외 다수

정신지체학생의 사회적 정보처리 특성

• 초판 인쇄	2006년 5월 30일
• 초판 발행	2006년 5월 30일
• 지 은 이	김형일
• 펴 낸 이	채종준
• 펴 낸 곳	한국학술정보㈜
	경기도 파주시 교하읍 문발리 526-2
	파주출판문화정보산업단지
	전화　031) 908-3181(대표) · 팩스　031) 908-3189
	홈페이지　http://www.kstudy.com
	e-mail(e-Book사업부)　ebook@kstudy.com
• 등　　록	제일산-115호(2000. 6. 19)
• 가　　격	10,000원

ISBN　89-534-4453-5 93330 (Paper Book)
　　　　89-534-4454-3 98330 (e-Book)